Entre amis

An Interactive Approach

Fifth Edition

Oates / Oukada

Student Activities Manual

Workbook

Larbi Oukada, Indiana University, Indianapolis
Didier Bertrand, Indiana University, Indianapolis

Lab Manual

Kathleen E. Ford, University of California, Los Angeles
Anne C. Cummings, El Camino Community College
Michael D. Oates, Emeritus, University of Northern Iowa

with Pronunciation Activities by
Didier Bertrand, Indiana University, Indianapolis

Video Worksheets

Michael D. Oates, Emeritus, University of Northern Iowa

HEINLE
CENGAGE Learning™

Australia • Brazil • Japan • Korea • Mexico • Singapore • Spain • United Kingdom • United States

HEINLE
CENGAGE Learning

**Entre amis An Interactive Approach :
Student Activities Manual, Fifth Edition**
Oates, Oukada

Publisher: Rolando Hernández

Sponsoring Editor: Van Strength

Development Editor: Florence Kilgo

Project Editor: Harriet C. Dishman

Manufacturing Coordinator: Chuck Dutton

Executive Marketing Director: Eileen
Bernadette Moran

Associate Marketing Manager: Claudia
Martínez

For product information and technology assistance, contact us at
Cengage Learning Customer & Sales Support, 1-800-354-9706

For permission to use material from this text or product,
submit all requests online at **www.cengage.com/permissions**
Further permissions questions can be emailed to
permissionrequest@cengage.com

ISBN-13: 978-0-618-50693-4

ISBN-10: 0-618-50693-4

Heinle
25 Thomson Place
Boston, MA 02210
USA

Cengage Learning is a leading provider of customized learning solutions with
office locations around the globe, including Singapore, the United Kingdom,
Australia, Mexico, Brazil, and Japan. Locate your local office at
international.cengage.com/region

Cengage Learning products are represented in Canada by Nelson Education, Ltd.

To learn more about Heinle, visit **www.cengage.com/heinle**

Purchase any of our products at your local college store or at our preferred
online store **www.ichapters.com**

Printed in the United States of America
6 7 11 10 09

Contents

Video Worksheets   **257**

To the Student

The three sections of the Student Activities Manual (SAM)—the workbook, the lab manual, and the **Pas de problème!** video worksheets—are bound together for your convenience. The pages have been perforated so they can be handed in.

Workbook

The workbook contains a variety of activities intended to review and reinforce what has been presented in the classroom.

 A textbook icon next to an activity title refers you to the appropriate **But communicatif** in your textbook. When workbook exercises target specific grammar points presented in the text, a letter (A, B, C, etc.) accompanies the number.

 A blank textbook icon refers you to the **Coup d'envoi** conversation at the start of the chapter.

 A recycle textbook icon indicates a review activity.

 A pen and paper icon indicates a written composition (**Rédaction**).

The activities in the workbook have been created specifically to supplement the vocabulary and grammar activities in the text and to provide additional written practice for every point taught in each chapter. They range from simple, fill-in-the-blank exercises to personalized written tasks based on situations that you might face in the real world. All activities are designed so they can be done without the assistance of an instructor. Many are based on authentic documents and art. Each chapter ends with a **Rédaction,** related to the theme of the chapter. It constitutes the final stage of a writing process that begins with the **Début de rédaction** activity in the **Intégration** section of the textbook.

Lab Manual

The lab manual should be used in conjunction with the SAM (Lab) Audio CDs for *Entre amis,* Fifth Edition. The chapters of the lab manual are correlated to the chapters of the textbook. Part A contains speaking and pronunciation activities. Part B contains varied listening comprehension and speaking activities, using French as it is spoken in real life. Part C is new to the Fifth Edition and features contextualized listening comprehension and practice testing.

 A microphone icon indicates a speaking activity.

An audio icon indicates an activity involving listening and writing, but not speaking.

 A sound-off audio icon indicates a written activity that you do with the recording turned off.

Video Worksheets

The **Pas de problème!** video worksheets correspond to each of the fifteen chapters of *Entre amis*. They will help you to comprehend the French you will hear and the context in which each of the video modules takes place. Each worksheet begins with the **Vocabulaire à reconnaître** section, which consists of lists of expressions used in the video. We recommend that you consult these lists as needed to complete the activities while viewing the video module. This preparation will increase your passive vocabulary, your listening comprehension, and your cultural literacy.

Workbook

NOM **Navanjot Badesha** DATE **Sept 11, 2009**

Chapitre préliminaire *Au départ*

NOTE: If you have any questions about how to do an activity in the workbook section, consult the corresponding chapter in the *Entre amis* textbook, by looking at the chapter section identified by a number in the book-shaped icon.

[1] **A. En classe.** What would you say to ask someone to . . .

1. sit down? _Asseyez-vous!_
2. stand up? _Levez-vous!_
3. go to the door? _Allez à la porte!_
4. open the door? _Ouvrez la porte!_
5. leave? _Sortez!_
6. shut the door? _Fermez la porte!_

[2] **B. Les nombres.** Spell out the following numbers.

❑ (2) _deux_

1. (9) _neuf_   7. (15) _quinze_
2. (11) _onze_   8. (29) _vingt-neuf_
3. (4) _quatre_   9. (10) _dix_
4. (13) _treize_   10. (6) _six_
5. (1) _un_   11. (8) _huit_
6. (28) _vingt-huit_   12. (21) _vingt et un_

 C. Les mathématiques. Spell out the answers to these math problems.

❑ quatre + cinq = _neuf_

     seize – trois = _treize_

1. vingt-deux + quatre = _vingt-six_
2. dix-huit – deux = _vingt-six_
3. quatorze + six = _vingt_

4. cinq × cinq = _vingt-cinq_

5. dix-sept – dix = _dix-sept_

6. trois × cinq = _quinze_

7. vingt-six – douze = _quatorze_

8. dix-neuf – quatre = _vingt-cinq_

9. neuf × trois = _vingt-sept_

10. sept × deux = _quatorze_

D. Il est... Tell what time it is. Spell out the times given.

❑ 1 h 30   _Il est une heure trente._

1. 2 h 30   _Il est deux heures trente._

2. 3 h 10   _Il est trois heures dix._

3. 6 h 15   _Il est six heures quinze._

4. 10 h   _Il est dix heures._

5. 4 h 30   _Il est quatre heures trente._

6. 5 h 20   _Il est cinq heures vingt._

7. 11 h 30   _Il est onze heures trente._

8. 12 h 45   _Il est une heure moins quinze._

9. 10 h 45   _Il est onze heures moins quinze._

10. 12 h   _Il est douze heures_

E. Quel temps fait-il? Look at each drawing and describe the weather.

❑   _Il pleut._

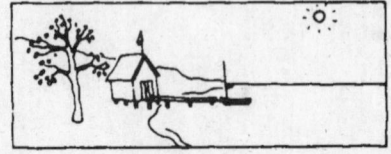

1.   _Il fait beau._

2. _Il neige._

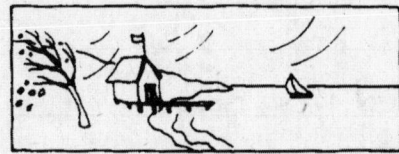

3. _Il fait du vent._

4. _Il fait froid._

5. _Il fait chaud._

F. La météo. Look at the symbol next to the name of each city and tell what the weather is like there today.

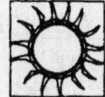
❑ Port-au-Prince   _À Port-au-Prince, il fait beau._

1. Alger   _En À Alger, il fait du vent._

2. Dakar   _À Dakar, il fait chaud._

3. Québec   _À Québec, il neige._

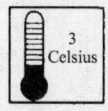
4. Bruxelles   _À Bruxelles, il fait froid._

5. Strasbourg   _À Strasbarg, il pleut._

Chapitre préliminaire: WORKBOOK

G. Expressions pour la classe. One of your classmates is trying to learn new expressions pertaining to classroom commands. S/he made a chart to help memorize the words and expressions. Can you help complete the chart?

This French word or expression . . .	means . . .
Pardon?	*Pardon?*
Comment?	What (did you say)?
Répétez, s'il vous plaît.	*Please repeat.*
Encore.	*Again.*
En français.	In French.
Ensemble.	*Together.*
Tout le monde.	Everybody, everyone.
Fermez le livre.	*Close the book.*
Écoutez.	Listen.
Répondez.	Answer.
Comment dit-on "teacher"?	*How do you say "teacher"?*
On dit «le professeur».	You say "le professeur".
Que veut dire «le tableau»?	What does "le tableau" mean?
Ça veut dire "the chalkboard."	*That means "the chalkboard."*
Je ne sais pas.	*I don't know.*
Je ne comprends pas.	I don't understand.

Chapitre 1 *Bonjour!*

 A. À l'hôtel. Create a meaningful dialogue by matching the responses on the right with the appropriate questions or statements on the left.

1. Bonjour, Madame! _____

2. Vous permettez? _____

3. Vous êtes française? _____

4. Je m'appelle Lori Becker. _____

5. Excusez-moi, Madame. _____

6. Bonne journée! _____

a. Jacqueline Moreau. Enchantée.

b. Bonjour, Monsieur!

c. Merci, vous aussi.

d. Pas de problème.

e. Oui, je suis française.

f. Certainement.

B. Première rencontre. Write the questions that might elicit the following answers.

❑ — *Qui est-ce?* _____

—C'est Séverine.

1. —_____

—Je m'appelle Kristin Hoyt.

2. —_____

—Non, je suis américaine.

3. —_____

—J'habite près de Chicago.

4. —_____

—Non, je suis mariée.

5. —_____

—Pas de problème.

6. —_____

—Certainement. Asseyez-vous là.

C. Quelques personnes *(Some people).* The following sentences describe various people. Complete the sentences with the appropriate form of the verb **être**.

❑ Je ___*suis*___ américain.

1. Elle _____ française.

2. Nous _____ étudiants.

3. Tu _____ marié(e)?

4. Il _____ professeur.

5. Vous _____ célibataire.

6. Elles _____ à Paris.

7. Pierre Martin _____ français.

8. Ils _____ au restaurant.

D. En vacances *(On vacation)*. Write complete sentences using pronouns to describe where these people are on vacation.

❏ Christophe / Saint-Tropez ___Il est à Saint-Tropez.___

1. Marie-Claire / Cannes _____

2. Monsieur et Madame Pons / Bordeaux _____

3. Lori et Brooke / Lyon _____

4. Le professeur / Paris _____

5. Marielle et Jean-Luc / Biarritz _____

6. Mickey et Minnie / Disneyland Paris _____

7. Jacques Chirac / Strasbourg _____

8. Et vous? Où êtes-vous aujourd'hui *(today)*? _____

E. Fiches de voyageur *(Hotel registration forms)*. Here are three registration forms for a hotel in Rouen. Yours is the form on the right. Fill in all the information requested on your form. Then, using the information on the forms, answer the questions that follow.

Fiche de Voyageur	**Le Richelieu** 24, rue du Bac	Fiche de Voyageur	**Le Richelieu** 24, rue du Bac	Fiche de Voyageur	**Le Richelieu** 24, rue du Bac
Nº _____	76000 Rouen	Nº _____	76000 Rouen	Nº _____	76000 Rouen
Nom ___CUNIN___ (écrire en majuscules)		Nom ___McGRATH___ (écrire en majuscules)		Nom _____ (écrire en majuscules)	
Prénom(s) ___Sophie___		Prénom(s) ___Christopher___		Prénom(s) _____	
État civil ___veuve___		État civil ___divorcé___		État civil _____	
Profession ___artiste___		Profession ___professeur___		Profession _____	
Domicile ___6, Bd de Brosses___ ___Dijon___ ___FRANCE___		Domicile ___12 Blake St.___ ___Londres___ ___ANGLETERRE___		Domicile _____	
Nationalité ___française___		Nationalité ___anglaise___		Nationalité _____	
Signature ___Sophie Cunin___		Signature ___Christopher McGrath___		Signature _____	

Questions:

1. Qui est veuve? _____

2. Qui est anglais? _____

3. Qui est français? _____

4. Qui est divorcé? _____

5. Qui habite à Dijon? _____

6. Qui habite à Londres? _____

7. Qui est professeur? _____

8. Qui est artiste? _____

F. Galerie de portraits. Write a complete sentence identifying each of the following famous persons' nationalities.

❑ George W. Bush _Il est américain._

1. Rolling Stones _____

2. Gérard Depardieu _____

3. Elizabeth Taylor et Madonna _____

4. Vladimir Putin _____

5. votre professeur de français _____

6. Et vous? Quelle est votre nationalité? _____

G. Mais non! You and a friend are discussing the national origins of various international celebrities. Your friend seems to be getting everything wrong. Correct each statement by negating it, then give the correct nationality of the person in question. Make sure that the subject pronoun, the verb, and the adjective agree with the nouns they modify!

❑ Elvis Stojko / américain / canadien

— _Elvis Stojko est américain._

— _Mais, non! Il n'est pas américain, il est canadien._

1. Ravi Shankar / pakistanais / indien

— _____

— _____

2. Céline Dion / français / canadien

— _____

— _____

3. Condoleezza Rice / anglais / américain

— _____

— _____

4. Mel Gibson / anglais / australien

— _____

— _____

5. les Beatles / américain / anglais

— _____

— _____

Chapitre 1: WORKBOOK **9**

H. Chassez l'intrus *(Chase out the intruder).* Cross out the word that does not belong with the others. Base your choice on gender or number.

1. jolie, belle, petite, beau
2. petite, laide, gros, belle
3. beau, petite, vieux, gros
4. minces, jeunes, jolis, grand

5. vieille, laide, grande, vieux
6. jolis, laides, minces, belles
7. grosses, vieilles, petits, belles
8. belles, grands, laids, beaux

I. Quelques descriptions. Combine each group of words into a complete sentence. Add the verb **être** and make all necessary agreements.

❑ Aurélie / grand / très mince _*Aurélie est grande et très mince.*_____

1. Mireille / vieux _____

2. Françoise / petit _____

3. Jean-Luc et Pierre / très grand _____

4. vous / célibataire _____

5. Michel et Delphine / marié _____

6. nous / fiancé _____

7. tu / grand / assez mince _____

8. Bernard et Ghislaine / divorcé _____

9. Béatrice / très mince / très beau _____

10. Alice / assez petit / très beau _____

J. Le Courrier du cœur *(Personal ads).* Read these personal ads and correct (or agree with) the statements made about the persons in them.

29 ans, 1 m 92 (6'3"), lieutenant dans l'armée, célibataire, adore le cinéma, la musique moderne, les sports, les voyages. **Tél. 80 73 65 04, Jacques.**	**Veuve, 40 ans, bonne situation, belle, mince, assez élégante, de caractère jeune. Appartement Île de la Cité (Paris).** **Tél. 40 24 14 18, Monique.**	**Responsable financier, suisse, 75 ans, maison au bord du lac de Genève, chalet à Verbier. Cherche une dame cultivée et sociable.** **Tél. 33 93 61 80, Georges.**

❑ Jacques est vieux. _*Non, il est jeune.*_____

1. Monique est laide. _____

2. Georges est assez jeune. _____

3. Jacques est célibataire. _____

4. Monique est mince. _____

5. Jacques est petit. _____

6. Georges est français. _____

7. Jacques adore les sports. _____

8. Monique habite à Genève. _____

 K. Les mots apparentés *(Cognates).* Read this online application form for a credit card in France and answer the questions below. Then fill in this application as completely as possible using your own personal information (real or invented).

Demande de carte de crédit personnelle
Informations personnelles

| Civilité | ● Monsieur   ● Madame |
| | ● Mademoiselle |

| Prénom | |

| Nom | |

| Date de naissance | [▼] / [▼] / |

| Lieu de naissance | |

| Adresse - Rue | |

| Code postal | |

| Adresse - Ville | |

| Adresse - Pays | France |

| Téléphone (Domicile) | 00 – 33 – |

| Adresse e-mail | |

Informations professionnelles

| Vous êtes : | ● Salarié   ● Indépendant   ● Retraité |

| Profession | |

| Nom de votre employeur | |

[Je valide]

Guess what the English equivalents of the following expressions might be.

a. Date de naissance _____

b. Lieu de naissance _____

_____

c. Adresse—Rue _____

d. Code postal _____

e. Adresse—Ville _____

f. Téléphone (Domicile) _____

g. Salarié _____

h. Nom de votre employeur _____

_____

L. *Rédaction:* **Un dialogue au café.** In French cafés, it is not unusual for someone to sit at your table when all other tables are taken. Fill in the chart below with information about yourself and your table companion. Then write a short dialogue between you and this person. Before completing this activity, review the **Début de rédaction** activity on page 24 of your text.

Identités	*Moi*	*L'autre personne*
Nom:	Navi Badesha.	John Smith
Adresse:		
Nationalité:	canadienne	français
État civil:	célibataire	marié
Ville:	North Delta	Paris
Touriste:	(Oui) Non	Oui (Non)
Étudiant[e]:	(Oui) Non	Oui (Non)

Now, write your dialogue, taking the information above into consideration.

L'AUTRE PERSONNE: Bonjour mademoiselle, excusez-moi de vous déranger

MOI: Bonjour. Pas de problème.

L'AUTRE PERSONNE: Vous permettez?

MOI: Certainement. Asseyez-vous là.

L'AUTRE PERSONNE: Permettez-moi de me présenter. Je m'appelle Smith, John Smith.

MOI: Badesha, Navi Badesha. Vous êtes français?

L'AUTRE PERSONNE: Oui, je suis français. Quelle est votre nationalité?

MOI: Je suis Canadienne. et je suis touriste. J'habite à North Delta. Et vous?

L'AUTRE PERSONNE: Moi, J'habite à Paris. J'habite près de Louvre.

MOI: J'adore Paris. Êtes-vous célibataire?

L'AUTRE PERSONNE: (cell phone rings) Non, je suis marié.

MOI: (cell phone rings) excusez-moi, s'il vous plait, monsieur.

L'AUTRE PERSONNE: Bonne journée, mademoiselle

Moi: Merci, vous aussi.

Chapitre 2 *Qu'est-ce que vous aimez?*

A. À l'université. Create a meaningful dialogue by matching the questions on the left with their appropriate responses on the right.

1. Comment allez-vous? _____

2. Votre prénom, c'est Christine, je crois? _____

3. Est-ce que vous êtes américaine? _____

4. Voulez-vous boire quelque chose? Un

   coca? _____

5. Un kir, peut-être? _____

6. À votre santé, Christine! _____

a. À la vôtre!

b. Oui, je m'appelle Christine Alexander.

c. Oui, je veux bien.

d. Oui, je viens de Santa Clara en Californie.

e. Bien, merci.

f. Non, merci.

B. Une promenade. When Monsieur Noiret takes a walk in his neighborhood, he usually greets his neighbors. Look at the drawings and respond appropriately to Monsieur Noiret's questions.

—Bonjour, Madame. Vous allez bien?

— *Oui, je vais (très) bien, merci.* _____

1. —Comment ça va, Christelle?

2. —Salut, Pierrot. Ça va?

3. —Bonjour, Mademoiselle. Comment allez-vous?

1. —_____

2. —Non, _____

3. —_____

Chapitre 2: WORKBOOK 13

4. —Bonjour, Monsieur. Vous allez bien?

5. —Bonjour, Madame. Comment allez-vous?

6. Et vous? Comment allez-vous?

4. —_____

5. —_____

6. —_____

2B

C. Quelques activités. Complete each sentence with the appropriate verb form.

❑ *(écouter)*   Nous _____*écoutons*_____ «France Inter» le matin.

1. *(travailler)*   Tu _____ beaucoup!

2. *(habiter)*   J'_____ près de l'université.

3. *(nager)*   Ma mère _____ comme un poisson.

4. *(parler)*   Mon père ne _____ pas bien le français.

5. *(aimer)*   _____-tu le coca?

6. *(manger)*   Nous ne _____ pas de pizza le matin.

7. *(trouver)*   Vous _____?

8. *(regarder)*   Mon amie Virginie _____ souvent la télévision.

9. *(aimer)*   Thibault et Marc n'_____ pas danser.

10. *(étudier)*   Mes amis _____ l'espagnol.

D. Une carte postale de Biarritz. Some verbs are missing from Marie-Laure's postcard. Insert the missing verbs from the following list. Be sure to conjugate them.

étudier	*parler*	*adorer*
jouer	*regarder*	*manger*
nager	*travailler*	*danser*
aller		

> *Chère Céline,*
>
> *Biarritz est vraiment super! Benoît et Delphine _____ souvent au tennis. Jean est un vrai poisson. Il _____ le matin et le soir. Moi, j' _____ la biologie marine, et je _____ beaucoup avec ma grand-mère. Nous _____ souvent la télé ensemble. Quelquefois, Marc et moi, nous _____ des spécialités de Biarritz et nous _____ dans une discothèque. Ah! que j' _____ les vacances! Et toi? Ça _____ bien? Tu _____ au laboratoire de langues?*
>
> *Ciao!*
>
> *Marie-Laure*

E. Compréhension. Reread Marie-Laure's postcard and answer these questions.

1. Qui est à Biarritz? _____

2. Qui danse dans une discothèque? _____

3. Benoît et Delphine aiment-ils le tennis? _____

4. Est-ce que Marie-Laure étudie l'anglais? _____

5. Qui nage beaucoup? _____

6. Et vous? Vous nagez bien? _____

7. Est-ce que vous aimez danser? _____

8. Est-ce que vous jouez au tennis? _____

9. Travaillez-vous beaucoup? _____

10. Voyagez-vous souvent? _____

F. Chez les Brunet. Monsieur and Madame Brunet are offering their guests something to drink. Write both the Brunets' questions and their guests' responses in the space below. Vary the responses as much as possible.

—*Qu'est-ce que vous voulez boire?*

—*Je voudrais une tasse de café, s'il vous plaît.*

ou

—*Voulez-vous une tasse de café?*

—*Oui, je veux bien. ou Non, merci.*

1.

2.

3.

4.

5.

6.

1. —

   —

2. —

   —

3. —

   —

4. —

   —

5. —

   —

6. —

   —

7. Et vous? Voulez-vous boire quelque chose?

   —

G. Quelles sont vos activités à l'université? You are explaining to a friend some of your college activities. Fill in the blank with the correct article as needed.

1. À notre université les professeurs écoutent _____ étudiants.

2. Les étudiants ne regardent pas souvent _____ télé, mais ils aiment regarder _____ sports.

3. Mes amis écoutent beaucoup _____ radio.

4. Mon camarade de chambre parle _____ allemand. Il parle bien _____ français.

5. Moi, j'étudie _____ français. Je parle mal _____ allemand.

H. Un sondage *(A survey).* Seynabou, a student from Sénégal, and Mahmoud, a student from Tunisia, have given their likes and dislikes in the chart below. Fill in the right-hand column with your likes and dislikes. Then, write eight sentences comparing the preferences of the three of you. Use **moi aussi** and **moi non plus** when possible.

	Seynabou (sénégalaise)	*Mahmoud (tunisien)*	*Et vous?*
étudier	bien	assez bien	
voyager	beaucoup	pas du tout	
danser	assez bien	pas du tout	
nager	pas du tout	bien	
regarder la télé	bien	beaucoup	
parler avec des amis	beaucoup	assez bien	
l'eau minérale	assez bien	pas du tout	
le citron pressé	assez bien	bien	
le coca	pas tu tout	beaucoup	

❏ *Seynabou aime beaucoup voyager, mais Mahmoud pas du tout. Moi aussi, j'aime beaucoup voyager.*

❏ *Seynabou aime bien étudier, et Mahmoud assez bien. Mais moi, je n'aime pas du tout étudier.*

1. _____

2. _____

3. _____

4. _____

5. _____

6. _____

7. _____

I. Boissons fraîches *(Cold drinks)*. Select five drinks from the menu below and write a sentence describing how you like (or don't like) each drink.

BOISSONS

Coca-cola	2,30 €	Express	1,30 €
Orangina	2,30 €	Café crème	1,60 €
Vichy, Vittel, Perrier	2,10 €	Thé	2 €
Limonade	2,10 €	Chocolat chaud	1,60 €
Jus de fruits	2,30 €	Vins: rouge	
Bière	2,30 €	blanc	1 €
		rosé	

❏ *J'aime beaucoup le jus de fruits le matin.*

Je n'aime pas le Perrier.

1. _____

2. _____

3. _____

4. _____

5. _____

J. Une enquête *(An interrogation)*. A detective is asking a suspect a series of questions. The detective's questions are missing. Write logical questions for the following answers.

❏ DETECTIVE: —*Vous êtes Madame Leblanc?*

SUSPECT: —Oui, je suis Valérie Leblanc.

1. DETECTIVE: —_____

SUSPECT: —Oui, j'habite à Boston.

2. DETECTIVE: —_____

SUSPECT: —Non, je ne suis pas américaine. Je suis canadienne.

3. DETECTIVE: —_____

    SUSPECT: —Non, je ne suis pas mariée; je suis veuve.

4. DETECTIVE: —_____

    SUSPECT: —Non, je ne suis pas professeur de français.

5. DETECTIVE: —_____

    SUSPECT: —Oui, j'étudie le français.

6. DETECTIVE: —_____

    SUSPECT: —Oui, je parle très bien le français.

7. DETECTIVE: —_____

    SUSPECT: —Oui, je voyage souvent.

8. DETECTIVE: —_____

    SUSPECT: —Non, Monsieur. Je ne travaille pas.

K. Au café. The owner **(Le propriétaire)** of the café **Les Grands Ducs** often greets his regular customers and exchanges a few pleasantries with them. Select an appropriate expression from the list below to complete the dialogue.

j'aime beaucoup	vous voulez boire	vous aimez	vous êtes
s'il vous plaît	étudiante	pourquoi pas	assez bien

LE PROPRIÉTAIRE: Ça va bien, Jérôme?

JÉRÔME: (1) _____, merci, Monsieur.

LE PROPRIÉTAIRE: Un petit café?

JÉRÔME: (2) _____?

LE PROPRIÉTAIRE: Vous travaillez toujours au laboratoire de langues?

JÉRÔME: Oui.

LE PROPRIÉTAIRE: Et vous, Mademoiselle? Qu'est-ce que (3) _____?

ASHLEY: Un coca, (4) _____.

LE PROPRIÉTAIRE: (5) _____ américaine, Mademoiselle?

ASHLEY: Non, je suis canadienne.

LE PROPRIÉTAIRE: Vous êtes (6) _____, alors?

ASHLEY: Oui, à l'université de Bourgogne.

LE PROPRIÉTAIRE: (7) _____ bien l'université?

ASHLEY: (8) _____ les cours. Les profs sont formidables.

Chapitre 2: WORKBOOK

L. Rédaction: Des conversations au téléphone. Imagine a phone conversation with each of these exchange students. Find out where s/he lives, what languages s/he speaks, what s/he studies, and what s/he likes or does not like. Include four questions and four answers in each dialogue. Before completing this activity, review the **Début de rédaction** activity on page 51 of your text.

❑ —Comment vous appelez-vous?

—Je m'appelle Toundi.

—Comment est-ce qu'on écrit «Toundi»?

—T.O.U.N.D.I.

—Vous étudiez le français?

—Non, mais je parle bien le français.

—J'étudie la géographie.

Oui, j'étudie
le français
mais je
commence.
—Vous aimez le café, n'est-ce pas?

—Oui, j'aime beaucoup le café!

Comment vous appelez-vous?

Je m'appelle Natalie.

Où habitez-vous?

J'habite à

Quelle est votre nationalité?

Je suis Suisse.

Vous parlez française?

Oh! pas vraiment Je parle anglais.

Comment trouvez-vous le jogging?

seulement.
Comment trouvez-vous le jogging?
Je n'aime pas le jogging.
J'aime skier.

Vous étudiez le français, n'est-ce pas?
Votre français est excellent.

Vous aimez
Comment vous appelez-vous?
Je m'appelle John.
Oui, j'adore
le café.
Quelle est votre nationalité?
Je suis canadien.
Comment trouvez-vous le café?
Est-ce que vous êtes français?
Votre français est excellent.
J'adore le café.
Non, je ne suis canadien C'est gentil mais vous exagérez. Je n'est pas français. Je suis canadien

Comment vous appelez-vous?
Je m'appelle James.
Où habitez-vous?
J'habite à Angers.
Vous parlez français!
Oui, je parle français et anglais aussi.
Très bien! Qu'est-ce que vous étudiez?
J'étudie la musique.
Excellent! Au fait, vous aimez le café? Non, je n'aime pas beaucoup le thé.

Vous étudiez le français?
Non, j'étudie la mathématique.

Chapitre **3** *Chez nous*

A. À la gare. Create a meaningful dialogue by matching the answers on the right with the appropriate questions on the left.

1. Vous êtes bien Monsieur Masson? _____   a. Pas trop.

2. Vous êtes fatigué, sans doute? _____   b. Laure et Céline.

3. Vous avez de la famille ici? _____   c. Deux.

4. Combien de sœurs avez-vous? _____   d. Oui, elles sont mariées et elles ont des enfants.

5. Comment s'appellent-elles? _____   e. Oui. Bonjour, Monsieur.

6. Sont-elles mariées? _____   f. Oui, des sœurs.

B. Couples *(Pairs).* Write the masculine or the feminine form to complete the pair.

❑ un père / *une mère* _____

1. une fille / _____

2. un cousin / _____

3. un frère / _____

4. une grand-mère / _____

5. un beau-frère / _____

6. une tante / _____

7. un mari / _____

8. une nièce / _____

9. une belle-mère / _____

10. une amie / _____

C. La famille de Marc Dupin. Identify the relationship of the following people in Marc Dupin's family to each other. Follow the model.

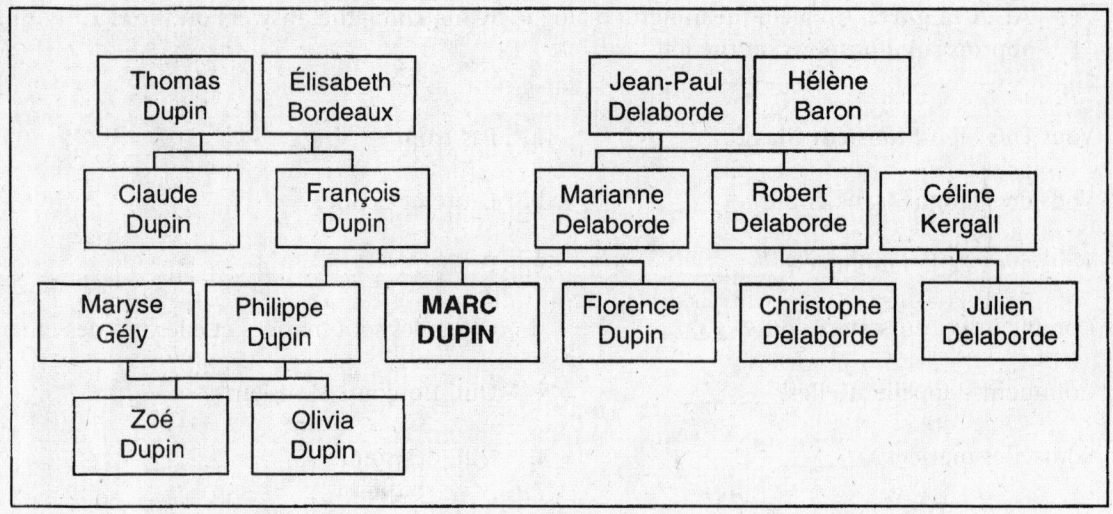

❑ Olivia Dupin / Zoé Dupin   *Olivia Dupin est la sœur de Zoé Dupin.*

1. Marianne Delaborde / Marc Dupin _____

2. Jean-Paul Delaborde / Marianne Delaborde _____
   _____

3. Christophe Delaborde / Julien Delaborde _____
   _____

4. Hélène Baron / Jean-Paul Delaborde _____

5. Claude Dupin / Philippe Dupin _____

6. Élisabeth Bordeaux / Florence Dupin _____

7. Philippe Dupin / Maryse Gély _____

8. Jean-Paul Delaborde / Florence Dupin _____
   _____

9. Christophe et Julien Delaborde / Hélène Baron _____
   _____

10. François Dupin / Maryse Gély _____

D. Les boissons des amis. Marie-France has invited her friends over. She is making sure that everyone has something to drink. Complete her sentences using **un, une,** or **des.**

1. Jacqueline a _____ tasse de thé.

2. Didier a _____ café.

3. Benoît a _____ tasse de chocolat chaud.

4. Mireille et Robert ont _____ cocas.

5. Paulette et François, _____ oranginas.

6. Et moi, j'ai _____ kir; j'adore le cassis!

E. Les liens de parenté *(Family ties).* Complete the following sentences using the appropriate forms of **avoir.**

❏ Élisabeth _____ *a* _____ deux frères.

1. Tu _____ des frères ou des sœurs?

2. J'_____ un frère.

3. _____-vous des enfants?

4. Nous n'_____ pas d'enfants.

5. Mais on _____ des nièces et des neveux.

6. Deux étudiants de français _____ des enfants.

F. Un dialogue avec la concierge. Monique introduces her fiancé, Scott, to the concierge at her building. Decide which form of **avoir** or **être** is appropriate to complete the dialogue.

MONIQUE: Madame Duhamel, voici mon fiancé.

SCOTT: Permettez-moi de me présenter, Madame. Je m'appelle Scott Miller.

LA CONCIERGE: Ah! vous (1) _____ un beau fiancé, Mademoiselle. Vous

(2) _____ d'où, Monsieur?

SCOTT: Je (3) _____ américain. J'habite à San Diego dans l'état de Californie.

LA CONCIERGE: La Californie. C'(4) _____ là où se trouve Hollywood?

SCOTT: Vous aimez sans doute les films américains?

LA CONCIERGE: Oh oui! Ils (5) _____ très beaux. Mon mari (6) _____ des

neveux qui habitent au Texas. Ils (7) _____ un grand ranch près de San

Antonio. Ah! Ils aiment bien le Texas!

G. La famille Lejeune-Philippot. Study the following family tree, then complete the descriptions of the various family members by supplying the correct family relationships and the correct ages (spelled out in letters) in the spaces provided.

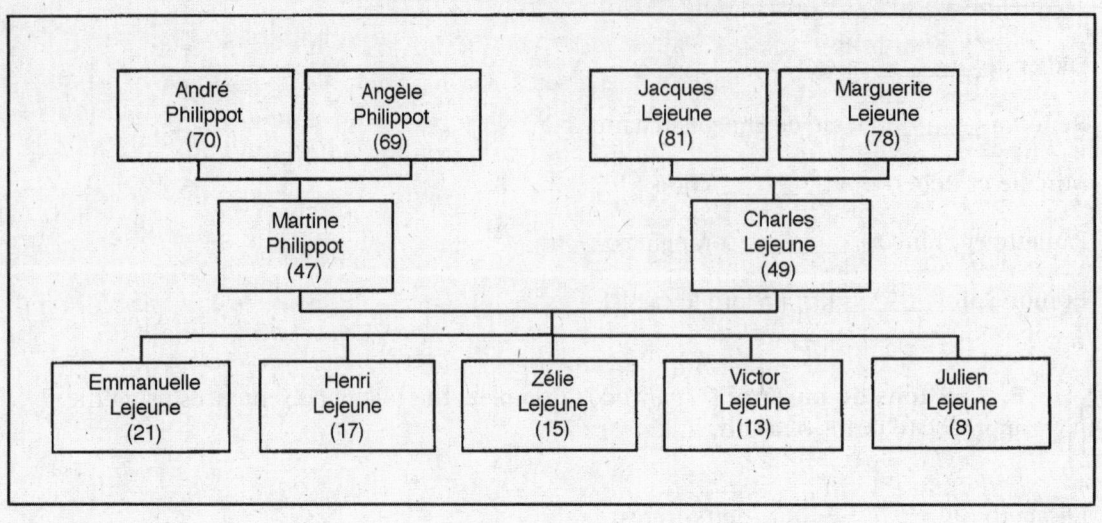

❏ Le petit _frère_ _____ de Victor s'appelle Julien. Il a _huit_ _____ ans.

1. _____ de Victor s'appelle André Philippot. Il a _____ ans.

2. Angèle Philippot est _____ d'Henri. Elle a _____ ans.

3. _____ de Victor s'appelle Martine. Martine Philippot a

   _____ ans.

4. Henri a deux _____, Emmanuelle, _____ ans, et Zélie,

   _____ ans.

5. Jacques Lejeune est _____ de Charles. Il a _____ ans.

6. Les deux _____ de Victor s'appellent Henri et Julien. Ils ont

   _____ et _____ ans.

7. _____ des enfants s'appelle Charles. Il a _____ ans.

8. Jacques et Marguerite Lejeune sont _____ d'Emmanuelle. Marguerite

   a _____ ans.

H. Nous sommes en 1789. How old are these famous people at the beginning of the French Revolution in 1789? Follow the model.

❏ George Washington (né en 1732)   _George Washington a cinquante-sept ans._

1. Napoléon Bonaparte (né en 1769)   _____

2. le marquis de Lafayette (né en 1757)   _____

---

24   *ENTRE AMIS: Student Activities Manual*

3. Georges-Jacques Danton (né en 1759) _____

4. Maximilien de Robespierre (né en 1758) _____

5. Honoré-Gabriel de Mirabeau (né en 1749) _____

6. Louis XVI (né en 1754) _____

7. Marie-Antoinette (née en 1755) _____

8. Thomas Jefferson (né en 1743) _____

2D **I. L'album de photos d'Anne.** Zélie does not know Anne's boyfriend, Marc Dupin, or his family. Anne is showing her pictures of Marc's family from her photo album. Fill in the missing words (**il y a** or **voilà**) in this description of Marc Dupin's family.

ANNE: (1) _____ la famille de Marc. (2) _____ deux grands-pères et deux

grand-mères. Regarde cette photo: (3) _____ les parents de son père, Monsieur et

Madame Dupin. Ici *(Here)* (4) _____ les parents de sa mère, Monsieur et Madame

Delaborde. Dans la famille du père de Marc, (5) _____ deux fils, Claude et

François. Dans la famille de la mère de Marc, (6) _____ un fils et une fille, Robert

et Marianne.

2E **J. La famille de Marc Dupin** *(continued).* Marc is now introducing his family in an unusual way. Examine Marc's family tree on page 22 and complete his description of his family, following the model.

❑ Olivia est la fille de mon frère. C'est ___*ma nièce*___.

1. Robert est le frère de ma mère. C'est _____.

2. Hélène est la mère de ma mère. C'est _____.

3. Jean-Paul est le père de ma mère. C'est _____.

4. Philippe est le fils de mon père. C'est _____.

5. Maryse est la mère de ma nièce. C'est _____.

6. Thomas et Élisabeth sont les parents de mon père. Ce sont _____.

7. Céline est la femme de mon oncle. C'est _____.

8. Florence est la fille de mon père. C'est _____.

9. Christophe et Julien sont les fils de ma tante. Ce sont _____.

10. Zoé est la fille de mon frère. C'est _____.

K. L'inondation *(The flood).* The Fignons' house was flooded and their belongings have been placed outside to dry. Identify each of the items numbered, using **un, une,** or **des** in front of the item as needed.

1. _une télévision_   5. _____   8. _____

2. _____   6. _____   9. _____

3. _____   7. _____   10. _____

4. _____

L. Contrastes. The Delille family likes modern conveniences, but the Pagnols live more simply. Use the information on the chart and write five sentences contrasting the two families.

Les Delille	Les Pagnol
une maison	un appartement
un garage	—
2 grosses voitures	une petite voiture
2 télévisions	une télévision
un grand réfrigérateur	un petit réfrigérateur
un lave-vaisselle	—
Jean-Luc Delille *(le fils)*	**Pierre Pagnol** *(le fils)*
un ordinateur	—
une moto	une mobylette
Sophie Delille *(la fille)*	**Gisèle Pagnol** *(la fille)*
une stéréo	une radio
des amis qui habitent à Saint-Tropez	une cousine qui habite à Rouen

❏ *Les Delille ont deux grosses voitures, mais les Pagnol ont une petite voiture.*

1. _____

2. _____

3. _____

4. _____

5. _____

3G

M. C'est à qui? Write a sentence stating the owner of each item. Follow the model.

❏ chien / Jean-Luc

C'est le chien de Jean-Luc.

1. maison / Thérèse

_____

2. voitures / Monsieur et Madame Morel

_____

3. calculatrices / les étudiants

_____

4. télévision / le frère de Jean-Luc

_____

5. vélo / Laure

_____

6. amis / Patrick

_____

7. ordinateur / ma camarade de chambre

_____

8. mobylette / l'oncle de Didier

_____

9. cousins / Madame Richard

_____

10. bureau / le professeur

_____

N. Louise n'est pas d'accord *(Louise does not agree).* Mireille identifies the owner of each item but Louise disagrees. Write a two-sentence exchange between Mireille and Louise using possessive adjectives. Follow the example.

❑ radio / Liliane / mère

MIREILLE: *C'est la radio de Liliane.*

LOUISE: *Non, c'est la radio de sa mère.*

1. calculatrice / Raphaëlle / sœur

MIREILLE: _____

LOUISE: _____

2. ordinateur / Fabien et Jacques / père

MIREILLE: _____

LOUISE: _____

3. stéréo / Marinette et Delphine / tante

MIREILLE: _____

LOUISE: _____

4. voiture / père de Nathalie / grands-parents

MIREILLE: _____

LOUISE: _____

5. photo / sœurs de Madeleine / cousines Isabelle et Julie

MIREILLE: _____

LOUISE: _____

NOM _____ DATE _____

O. Tartuffe. Look at the playbill of Molière's comedy *Tartuffe*, then answer the questions about the relationships of the characters. Use possessive adjectives whenever possible.

TARTUFFE

MME PERNELLE, *mère d'Orgon*

ORGON, *mari d'Elmire*

ELMIRE, *femme d'Orgon*

DAMIS, *fils d'Orgon*

MARIANE, *fille d'Orgon et amante de Valère*

VALÈRE, *amant de Mariane*

M. LOYAL, *sergent*

FLIPOTE, *servante de Mme Pernelle*

❑ Combien d'enfants y a-t-il dans la famille d'Orgon? _Il y a deux enfants dans sa famille._

1. Est-ce que Mariane est la fille d'Orgon? _____

2. Est-ce qu'Orgon est le père d'Elmire? _____

3. Est-ce qu'Elmire est la mère de Damis et de Mariane? _____

4. Est-ce qu'Orgon et Elmire sont les parents de Damis et de Mariane? _____

5. Comment s'appelle la belle-mère d'Elmire? _____

6. Orgon a-t-il un beau-père? _____

P. Rédaction: Chez moi. Bruno, your pen pal from Geneva, is interested in your daily life. Where do you live? Do you live near or in a major city? Do you live with your parents? Do you have a dog? a computer? a bicycle? etc. Before completing this activity, review the **Début de rédaction** activity on page 81 of your text. Then follow the steps outlined below.

• List the items that can be found in your room.

un bureau	une stéréo
une chaise	un placard, ~~une télévision~~ (?) look in dictionary
un lit	un miroir
une ~~ordinateur~~ lampe	une étagère

Chapitre 3: WORKBOOK 29

- List a few things you do not have, but wish you had.

le cheminée   Une ~~lampe~~ ordinateur.

un tapis   un fauteuil

- Answer the following questions.

   a. Où habitez-vous?

   J'habite à North Delta

   b. Habitez-vous dans une maison ou dans un appartement?

   J'habite dans une maison.

   c. Habitez-vous avec vos parents?

   Si, j'habite avec mes parents

- Compose a three-paragraph letter incorporating the information above. If you need more room, attach extra sheets of paper.

   Cher Bruno,

   Bonjour. Comment vas-tu? Moi, je... vais très bien

   Chez moi, il y a... ~~douze~~ onze pièces. Il y a ~~cinq~~ quatre chambres, une salle à manger, une salle de séjour, une cuisine, et trois salles de bain. Dans ma chambre, il y a un bureau, une chaise, Mais... un lit, une lampe, une stéréo, un placard, un miroir et une étagère.) Mais, il n y a pas du cheminée, de tapis, d'ordnakeur, et de fauteuil.

   J'habite à North Delta. Je suis canadienne. J'habite dans une maison avec mes parents. Habitez-vous dans une maison ou dans un appartement? Habitez-vous avec vos parents? Et conbien de pièces y a-t-il dans votre maison ou votre appartement?

Chapitre **4** *L'identité*

A. Qu'est-ce que c'est? Identify each item of clothing. Use **c'est** or **ce sont** as appropriate in your answer.

❏ _C'est une veste._

❏ _Ce sont des chaussures._

1.

2.

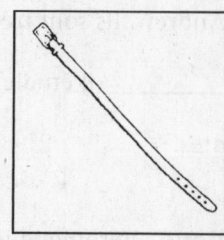

3.

4.

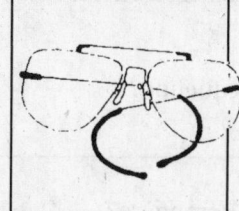

5.

6.

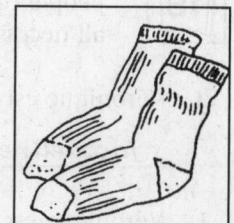

7.

8.

1. _____

2. _____

3. _____

4. _____

5. _____

6. _____

7. _____

8. _____

B. Les amies de Kelly. Kelly is showing photos of some of her friends to a French exchange student in Michigan. Complete their conversation by inserting the adjectives from the list below where appropriate. Be sure to make the adjectives agree with the nouns.

ennuyeux	généreux	discret	bavard	actif
bon	sportif	intelligent	gentil	travailleur

KELLY: Voici mes amies, Christa et Nicole. Elles sont _____ et charmantes.

Nicole est _____ et _____: elle aime

beaucoup parler au téléphone, et elle fait beaucoup de choses. Christa est très

_____: elle nage tous les jours. Elle ne parle pas beaucoup; elle est

très _____. Elle aime donner; elle est _____.

BENOÎT: Et sur cette photo, qui est-ce?

KELLY: Ce sont Brian et Andrew. Ils sont très _____ en français! Brian est

_____: il étudie beaucoup. Andrew est _____: il a

des notes excellentes.

C. C'est Véronique. Véronique is quite different from everybody else. Describe how other people compare to her by replacing the italicized expression with a *contrasting* word. Make all necessary changes.

❑ Véronique est *toujours* bavarde. Et son amie Jacqueline?

   Jacqueline n'est jamais bavarde. _____

1. Véronique est *souvent* impatiente. Et son amie Bérangère?

   _____

2. Véronique *n'est jamais* méchante. Et son petit frère?

   _____

3. Véronique est *rarement* généreuse. Et son petit ami?

   _____

4. Véronique porte *toujours* un jean. Et ses deux sœurs?

   _____

5. Véronique regarde *souvent* la télévision. Et vous?

   _____

6. Véronique écoute *quelquefois* la radio. Et vous?

   _____

7. Véronique est *généralement* paresseuse. Et vous?

_____

8. *D'habitude*, Véronique est nerveuse le jour d'un examen. Et vous?

_____

2C **D. Exprimez-vous!** Using the lists below, write five sentences that apply to you, your teacher, and/or your family and friends. Make sure you conjugate the verb and make all the necessary changes.

je	(ne ... pas)	avoir	un	pantalon	chic
mon père		porter	une	veste	blanc
mes parents		aimer	des	chemise	gris
ma mère			le/la	cravate	vert
mon professeur de français			les	complet	bleu
mon frère			de	jupe	beige
mon ami(e)				chapeau	élégant
mes ami(e)s				chaussures	confortable
				robe	bizarre
					noir

❑ *Mon professeur de français porte toujours des robes élégantes.*

Elle n'aime pas les chapeaux bizarres.

Elle porte des chaussures noires.

1. _____

2. _____

3. _____

4. _____

5. _____

2D **E. Faire du lèche-vitrines** *(Window-shopping).* Julie is "window-shopping" in a fashion magazine. Complete her sentences by adding appropriate demonstrative adjectives (**ce, cet, cette,** or **ces**).

❑ Mon père aime ___cette___ cravate bon marché, mais pas ___ce___ foulard chic.

1. Ma mère aime _____ gants simples, mais pas du tout _____ lunettes noires.

2. Mon grand-père adore _____ veste bizarre, mais pas _____ sweat-shirt confortable.

3. Fabienne et moi, nous aimons bien _____ ceinture, mais pas _____ bottes ordinaires.

4. Mes cousins aiment _____ imperméable, mais pas _____ pantalon.

5. Mes neveux aiment _____ baskets chères, mais pas _____ chaussures simples.

Chapitre 4: WORKBOOK 33

6. Ma nièce aime bien _____ tee-shirt, mais pas _____ short.

7. Aïcha et Gaëlle adorent _____ chemisiers élégants, mais pas _____ blousons.

8. Moi, j'aime tous _____ vêtements.

F. Tel (Like) **père, tel fils: une exception.** Read Lori Becker's letter home describing an unusual family she has met. Then answer the questions.

Je trouve la famille Renaud assez intéressante. Monsieur Renaud est médecin. Il est grand, assez gros et un peu chauve. Madame Renaud est professeur d'anglais. Elle est petite, blonde, et a les yeux bleus. C'est un couple élégant. Madame Renaud porte d'habitude des robes chic. Monsieur Renaud porte toujours des complets gris ou noirs avec des foulards élégants. Les enfants, eux, ne sont pas du tout comme leurs parents. Ils s'habillent à l'américaine: ils portent des jeans, des tee-shirts ou des sweat-shirts, et toujours des tennis. En plus, ils n'ont pas les cheveux blonds et les yeux bleus de leur mère. Karine, qui a 13 ans, a les cheveux roux et les yeux verts. Les jumeaux *(twins)*, Arnaud et Christian, 11 ans, ont les yeux bruns et les cheveux noirs. Les trois jeunes Renaud sont très sportifs. Ils aiment nager, skier et jouer au tennis. Les garçons sont un peu paresseux aussi. Ils aiment regarder la télévision, mais n'aiment pas faire leurs devoirs.

Questions:

1. Comment s'appellent les enfants des Renaud?

   _____

2. Quel âge ont-ils?

   _____

3. Quels vêtements est-ce que les enfants portent d'habitude?

   _____

4. De quelle couleur sont les cheveux de Madame Renaud?

   _____

5. Et ses yeux?

   _____

6. Karine a-t-elle les cheveux blonds comme sa mère?

   _____

7. De quelles couleurs sont les cheveux et les yeux des deux fils?

   _____

8. Le père a-t-il beaucoup de cheveux?

   _____

3E

G. Les vêtements. Combine the following words into complete sentences. Make all necessary changes. Be careful where you place the adjectives.

❑ elles / porter / jupes / rouge

Elles portent des jupes rouges.

❑ je / ne ... pas / avoir / chaussures / nouveau

Je n'ai pas de nouvelles chaussures.

1. vous / ne ... pas / avoir / chemisiers / bleu

_____

2. elle / avoir / imperméable / gris

_____

3. ils / ne ... pas / avoir / pull-overs / beau

_____

4. les professeurs / ne ... jamais / porter / shorts / bizarre

_____

5. il / avoir / ceinture / grand

_____

6. tu / avoir / tennis / nouveau

_____

7. je / ne ... pas / avoir / chaussettes / rose

_____

8. nous / avoir / robes / joli / rouge

_____

9. mes amis / ne ... pas / porter / vêtements / chic

_____

10. ma cousine / détester / les personnes qui / porter / vêtements / sale

_____

H. Au camping. Every camper is scheduled for chores. First, read the assignment sheet, then write five complete sentences describing what each person is to do, and then answer questions 6–8.

	le ménage à 7 h	la cuisine à 8 h	la vaisselle à 8 h 30	les courses à 10 h	la cuisine à midi	la vaisselle à 2 h
Olivia	X					
Hervé et Mehmet				X		
Yann		X				
Nicole			X			
Robert et Loïc					X	
Patricia et Isabelle						X

❏   *Olivia fait le ménage à 7 heures du matin.*

1. _____

2. _____

3. _____

4. _____

5. _____

6. Et vous? Faites-vous quelquefois le ménage?

_____

7. Est-ce que vous faites souvent la sieste? Quand?

_____

8. D'habitude, que faites-vous le soir?

_____

I. Vous êtes journaliste. What questions are you asking Gérard Duval, a Canadian exchange student, whom you are interviewing for the school paper? Begin your questions with **qui, que, qu'est-ce que,** or **quel(le)s.**

VOUS: _Quel est votre nom?_ _____

GÉRARD: Gérard Duval.

VOUS: _____

GÉRARD: Je suis français.

VOUS: _____

GÉRARD: Je suis étudiant.

VOUS: _____

GÉRARD: J'étudie les maths.

VOUS: _____

GÉRARD: Moi? Je voudrais être homme d'affaires ou banquier.

VOUS: _____

GÉRARD: Mon père est comptable et ma mère travaille chez un médecin. Elle est infirmière.

VOUS: _____

GÉRARD: D'habitude, c'est ma mère qui fait le ménage.

J. Les stéréotypes. What are the people described below most likely to wear?

❑ Anne-Marie / 19 ans / étudiante / gentille / active

Elle porte un sweat-shirt, un jean et des baskets.

1. Madame Dupont / 40 ans / secrétaire / travailleuse / discrète

_____

2. Éric / 25 ans / employé de banque / élégant / gentil

_____

3. Viviane de Bois Laurey / 35 ans / avocate / chic / snob

_____

4. Monsieur Lemaire / 45 ans / cadre / veuf / travailleur / ambitieux

_____

Chapitre 4: WORKBOOK

K. *Rédaction:* **Les présentations** *(Introductions).* Bruno, your Swiss pen pal, would like to know more about your family. Write him a letter in which you describe your family members, what they look like, and what they usually wear. Follow the outline provided. Before completing this activity, review the **Début de rédaction** activity on page 116 of your text.

- List some members of your family (four maximum). What are their names? How old are they?

1. _Roger - cinquante ans_   3. _Mehtas - quinze ans_

2. _Gurdeep - cinquante deux ans_   4. _____

- List two to three descriptive adjectives that apply to each one. (Be sure to include physical as well as psychological attributes.)

1. généreux   2. travailleuse   3. sportive   4. _____
   gentil   impatiente   intellectuelle   _____
   ~~vieux~~   jolie   mince   _____
   grand

- List what your family members typically wear on a daily basis.

1. Un complet 2. un chemisier 3. Un jean   4. _____
   une cravate   des lunettes   un tee-shirt   _____
   une ceinture   un pantalon   des baskets   _____

- Answer the following questions about yourself.

  a. Comment êtes-vous physiquement? De quelle couleur sont vos yeux? vos cheveux? Êtes-vous grand(e)? petit(e)? etc.

  YEUX: _noire_

  CHEVEUX: _noire_

  DESCRIPTION PHYSIQUE: _grande, jolie_

  b. Comment êtes-vous psychologiquement?

  Je suis généreuse, gentille, bavarde,
  et intellectuelle mais je suis très
  paresseuse et pessimiste aussi.

  c. Qu'est-ce que vous portez d'habitude?

  Je porte d'habitude un pantalon, un pull-over,
  un blouson, et des tennis.

  _____

- Now, compose a letter incorporating the information above. First, introduce your family members (names, ages, etc.). Then, use the information about their description (physical, psychological, usual clothing preferences). Finally, write a paragraph about yourself. Be sure to begin and end your letter appropriately.

Chère Madame,

Il y a quatre personnes dans ma famille. Il y a deux filles. Ma soeur s'appelle Mehtas. Elle a quinze ans. Mes parents s'appellent Roger et Gurdeep. Ils ont cinquante ans et cinquant deux ans. Mon père est genereux, gentil, et grand. Ma mère est jolie, impatiente et très travailleuse. Ma soeur est sportive, intellectuelle et mince. Mon père porte d'habitude un complet, une cravate, et une ceinture. Ma mère porte une chemisier, un pantalon, et des lunettes. Ma soeur porte d'habitude un jean, un tee-shirt, et des baskets. Et moi, je porte d'habitude un pantalon, un pull-over, un blouson, et des tennis. ~~Mes yeux est noire.~~ J'ai les yeux noire et j'ai les cheveux noire. Je suis grande et jolie. Je suis généreuse, gentille, bavarde, et intellectuelle mais je suis très parasseuse et pessimiste aussi.

Chapitre **5** *Quoi de neuf?*

 A. Un projet de cinéma. Choisissez la bonne réponse.

1. Quoi de neuf?

   _____ a. Cela m'est égal.

   _____ b. Pas grand-chose.

2. Qu'est-ce que tu fais ce soir?

   _____ a. Je vais passer deux heures à la bibliothèque.

   _____ b. D'accord.

3. Tu as envie d'aller au cinéma?

   _____ a. Ça va bien.

   _____ b. Quand ça?

4. Demain soir?

   _____ a. Je suis libre.

   _____ b. Pas grand-chose.

5. Est-ce qu'il y a un bon film au Mirador?

   _____ a. Tu vas voir quel film?

   _____ b. Il y a deux bons films, un film espagnol et un film américain.

6. Alors, quel film allons-nous voir?

   _____ a. Cela m'est égal.

   _____ b. C'est parfait.

7. Moi, j'ai envie de voir le film américain.

   _____ a. Moi aussi.

   _____ b. Sans doute.

8. À quelle heure?

   _____ a. Je ne suis pas libre.

   _____ b. À neuf heures et demie.

9. Rendez-vous devant le cinéma.

   _____ a. D'accord.

   _____ b. Merci. Au revoir.

B. Chassez l'intrus. Les listes suivantes représentent des catégories d'endroits. Mais dans chaque liste il y a un endroit qui n'appartient pas *(does not belong)* à la catégorie. Rayez *(Cross out)* cet endroit.

1. boulangerie / épicerie / cafétéria / église
2. salle de classe / épicerie / gymnase / bibliothèque
3. toilettes / bureau de poste / librairie / bureau de tabac
4. restaurant / bistro / piscine / cafétéria
5. couloir / centre commercial / banque / pharmacie

C. Des destinations. Indiquez où chaque personne va.

❏ nous / bibliothèque _Nous allons à la bibliothèque._

1. Monsieur Barbezot / banque _____

2. Laure / aéroport _____

3. mes petits cousins / école _____

4. tu / piscine _____

5. je / musée _____

6. vous / gare _____

7. ma mère / centre commercial _____

8. les étudiants / restaurant universitaire _____

9. mon frère / campus _____

D. Qu'est-ce que tu vas faire? Complétez les phrases avec la préposition **à** + l'article défini (**à la, à l', au** ou **aux**).

1. CORINNE: Tout à l'heure, je vais aller (1) _____ piscine, puis (2) _____

   bibliothèque pour faire mes devoirs. Ce soir, je vais dîner avec des amis

   (3) _____ *Petite Auberge.* Après le dîner, on va aller (4) _____

   cinéma Rex voir un film. Et toi, Gilles?

2. GILLES: Moi? Dans une heure, je vais faire des courses: je vais aller (5) _____ banque,

   (6) _____ pharmacie, (7) _____ bureau de poste et (8) _____

   grands-magasins pour acheter des vêtements. Ce soir? Je vais aller (9) _____

   café *Les Grands Ducs* avec des amis. Mimi, Didier, qu'est-ce que vous allez faire?

3. MIMI ET DIDIER: À midi, nous allons manger ensemble (10) _____ restaurant

universitaire. Et cet après-midi, nous allons passer quelques heures

(11) _____ bibliothèque. Ce soir, nous avons rendez-vous avec Marc

et François pour aller danser la salsa (12) _____ *Club Rio (masculine)*.

4. Et vous? Qu'est-ce que vous allez faire samedi prochain?

_____

_____

 E. Quelle heure est-il? Donnez une réponse possible à la question **Quelle heure est-il?** Écrivez vos réponses en toutes lettres.

❏ *Il est quatre heures moins le quart. (Il est quinze heures quarante-cinq.)*

1. _____ 2. _____

3. _____ 4. _____

5. _____ 6. _____

F. Une soirée à Montréal. Lisez ces annonces de spectacles et décidez, d'après l'exemple, où ces personnes vont aller ce soir et à quelle heure. Utilisez l'heure officielle.

❑ Madame Bonot aime beaucoup les films de Woody Allen.

Ce soir, elle va voir «Hannah et ses sœurs» au cinéma Apollo à 19 heures.

1. Patrick Sertin aime les films de science-fiction.

   _____

2. Anne-Marie et Jean Richard adorent le reggae et la musique afro-antillaise.

   _____

3. Gabrielle Herriot aime beaucoup les chansons populaires, l'humour et la poésie.

   _____

4. Germaine LePage aime le théâtre.

   _____

5. Benoît Vuitton adore le jazz.

   _____

6. Martine et Nathalie aiment danser.

   _____

7. Et vous? Où est-ce que vous allez samedi soir?

   _____

G. Votre emploi du temps. Répondez aux questions suivantes sur votre emploi du temps de la semaine.

1. Quels cours suivez-vous ce semestre? (regardez la liste dans *Entre amis,* page 136).

   _____

2. Quels jours de la semaine allez-vous au cours de français? De quelle heure à quelle heure?

   _____

   _____

3. Quels jours n'allez-vous pas en cours?

   _____

4. Avez-vous l'habitude d'aller à la bibliothèque? Pourquoi? Pourquoi pas?

   _____

   _____

5. Combien d'heures par semaine étudiez-vous?

   _____

   _____

6. Avec qui avez-vous l'intention de sortir ce soir? Où allez-vous? Si vous ne sortez pas, pourquoi pas?

   _____

   _____

7. Avez-vous souvent envie de regarder la télé? À quelle heure regardez-vous la télé?

   _____

   _____

8. Écoutez-vous souvent la radio? Si oui, quand? Si non, pourquoi pas?

   _____

H. Ce qu'on doit faire chez les Martin. Madame Martin explique que sa famille doit faire beaucoup de choses cette semaine. Utilisez le verbe **devoir** pour faire des phrases d'après l'exemple.

lundi	faire la cuisine / David et Sylvie	*Lundi, David et Sylvie doivent faire la cuisine.*
mardi	faire la lessive / Sylvie et Céline	_____
		_____
mercredi	faire la cuisine / moi	_____
		_____
jeudi	faire la vaisselle / les enfants	_____
		_____
vendredi	aller au gymnase / mon mari	_____
		_____
samedi	faire le ménage / Lori Becker	_____
		_____
dimanche	déjeuner en famille / nous	_____
		_____
		_____

I. Le centre-ville. Regardez le plan de cette ville imaginaire et indiquez où se trouvent les endroits suivants en utilisant les prépositions de lieu de la liste suivante. Utilisez chaque préposition une fois.

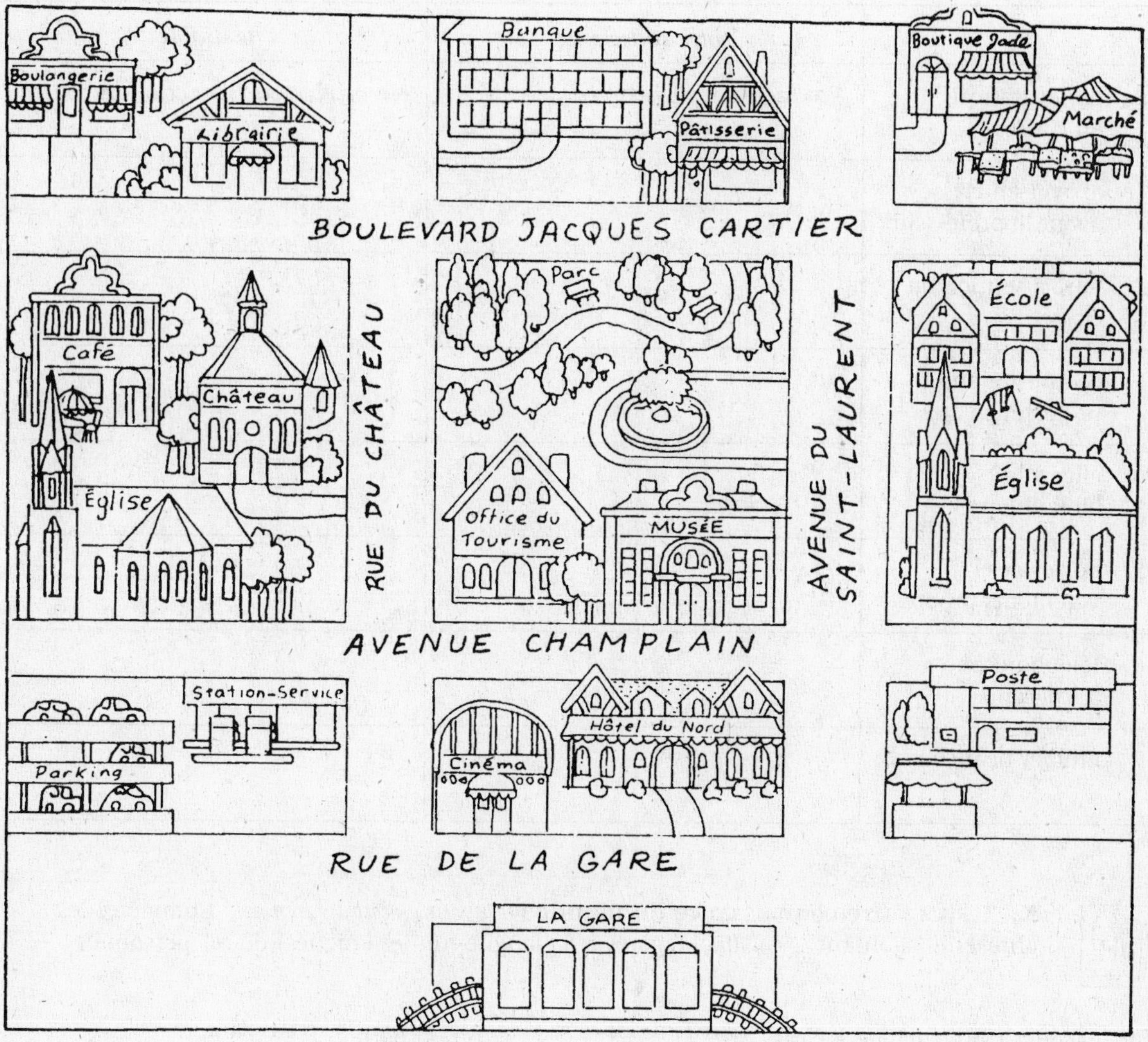

[Illustrated town map with the following labeled locations: Boulangerie, Librairie, Banque, Pâtisserie, Boutique Jade, Marché along BOULEVARD JACQUES CARTIER; Café, Château, Église, Parc, Office du Tourisme, Musée, École, Église along RUE DU CHÂTEAU and AVENUE DU SAINT-LAURENT; AVENUE CHAMPLAIN; Parking, Station-Service, Cinéma, Hôtel du Nord, Poste along RUE DE LA GARE; LA GARE]

à côté de	loin de	près de	à droite de
à gauche de	devant	derrière	

❑ la banque   *Elle est loin de la gare.* _____

1. la boulangerie _____

2. le café _____

3. le cinéma _____

4. la librairie _____

5. l'école _____

6. la boutique *Jade* _____

7. la pâtisserie _____

Chapitre 5: WORKBOOK 47

J. Le diable et votre conscience. Pour chaque expression, indiquez: (1) ce que votre conscience propose; (2) ce que le diable propose.

	votre conscience	*le diable*
❑ parler français en classe	*Parle français en classe!*	*Ne parle pas français en classe!*
1. arriver en classe avant le professeur		
2. faire attention en classe		
3. écouter quand le professeur parle		
4. aller à la bibliothèque		
5. porter des vêtements propres		
6. téléphoner à tes parents		
7. étudier beaucoup		

K. Testez votre connaissance du monde *(Test your global awareness)*. Complétez les phrases en ajoutant *(by adding)* le pays et la langue (ou les langues) de ces personnes.

❑ Jacques Chirac habite à Paris, ___*en France*___, où on parle ___*français*___.

1. Juan Carlos de Bourbon habite à Madrid, _____, où on parle

    _____.

2. Mohamed VI habite à Rabat, _____, où on parle _____ et

    _____.

3. Vladimir Putin habite à Moscou, _____, où on parle _____.

4. Albert II habite à Bruxelles, _____, où on parle _____ et

    _____.

5. Hillary Clinton habite à New York, _____, où on parle _____.

6. Vicente Fox habite à Mexico, _____ , où on parle _____ .

7. Karl XVI Gustaf habite à Stockholm, _____ , où on parle _____ .

8. L'empereur Akihito habite à Tokyo, _____ , où on parle _____ .

9. Élisabeth II habite à Londres, _____ , où on parle _____ .

4H **L. Testez vos connaissances en géographie!** *(Test your knowledge of geography!)* Toutes les personnes suivantes habitent dans la capitale de leur pays. Indiquez la ville et le pays où elles habitent. Suivez l'exemple.

Les capitales de quelques pays

Capitales	Pays
Alger	Algérie
Berlin	Allemagne
Berne	Suisse
Bruxelles	Belgique
Dakar	Sénégal
Londres	Angleterre
Madrid	Espagne
Mexico	Mexique
Paris	France
Pékin	Chine
Rabat	Maroc
Rome	Italie
Stockholm	Suède
Tokyo	Japon

❑ María et Pedro sont espagnols. *Ils habitent à Madrid, en Espagne.*

1. Gina est italienne. _____

2. Heidi et Hanspeter sont suisses. _____

3. Ali est algérien. _____

4. Marcel et Anna sont belges. _____

5. Notre professeur est français. _____

6. Ces étudiants sont chinois. _____

7. Mon camarade de chambre est japonais. _____

8. Mary est anglaise. _____

M. Au campus. À vous d'écrire les questions qui correspondent aux expressions soulignées.

☐ J'habite au <u>23, rue du Saint-Laurent</u>.

    Où habites-tu?

1. Je vais <u>au campus</u>.

2. Ce soir, je vais à la bibliothèque <u>pour étudier</u>.

3. La bibliothèque est <u>près de la résidence universitaire, en face du resto U</u>.

4. J'ai un test <u>vendredi après-midi</u>.

5. Ma camarade de chambre travaille <u>maintenant</u>.

6. Le week-end prochain, nous allons faire <u>un voyage</u>.

7. En France, on va souvent <u>à la boulangerie</u>.

N. *Rédaction:* L'emploi du temps. Votre amie Caroline, de Montréal, vous parle de son nouvel emploi du temps. Répondez à votre amie Caroline et parlez de votre emploi du temps.

- Faites votre emploi du temps:

	lundi	*mardi*	*mercredi*	*jeudi*	*vendredi*	*samedi*	*dimanche*
8–9							
9–10							
10–11							
11–12							
12–13							
13–14							
14–15							
15–16							
16–17							
17–18							
Le soir							

- Répondez aux questions suivantes.

    a.   Où dînez-vous généralement? À quelle heure dînez-vous?

    _____

    b.   Quand étudiez-vous? Où?

    _____

- Maintenant, écrivez votre lettre. Indiquez où vous allez et expliquez pourquoi vous allez à ces endroits. Avant d'écrire la lettre, révisez (*review*) **Début de rédaction** à la page 147 de votre livre.

_____

_____

_____

_____

_____

_____

_____

_____

_____

_____

_____

_____

_____

Chapitre 6 *Vos activités*

 A. Une fille au pair. Complétez chaque phrase avec une des expressions suivantes.

à table	*différences*	*la salle de bain*	*tant de choses*
chez	*écrit*	*pour «chaud»*	*a remarqué*
fait le ménage	*garde*	*pour «froid»*	

1. Kristin a déjà passé trois mois en France. Elle travaille _____ les Louviot.

2. C'est une jeune femme très active. Elle a _____ à faire!

3. Elle n'a pas beaucoup de temps libre. Elle _____ et elle _____

   les enfants.

4. Chez les Louviot on mange bien et on passe beaucoup de temps _____.

5. Kristin _____ souvent des lettres à ses amis aux États-Unis.

6. Elle explique quelques _____ qui existent entre la France et les États-Unis.

7. Par exemple, elle _____ qu'en France, les toilettes ne se trouvent pas souvent

   dans _____ comme aux États-Unis.

8. Elle a aussi remarqué que les robinets sont marqués «C» _____ et «F»

   _____.

B. Les activités du week-end dernier. Complétez chaque phrase avec le verbe indiqué
1A au passé composé.

❑ *(passer)* Nous __*avons passé*__ une soirée agréable au bal samedi dernier.

❑ *(ne ... pas danser)* La plupart des étudiants américains __*n'ont pas dansé*__ le tango.

1. *(téléphoner)* Est-ce que vous _____ à votre amie?

2. *(ne ... pas avoir)* Non, je _____ le temps.

3. *(faire)* Mes sœurs et moi, nous _____ la vaisselle, les courses et

   tout le ménage.

4. *(passer)* Et toi, tu _____ le week-end chez tes parents?

5. *(travailler)* Non, j'_____ samedi et dimanche.

Chapitre 6: WORKBOOK **53**

6. *(regarder)*   Samedi après-midi, Serge et moi, nous _____ le Tour de

                          France à la télé.

7. *(jouer)*   Dimanche, les enfants _____ dans le parc avec des amis.

8. *(dîner)*   Dimanche soir, on _____ chez des amis.

9. *(avoir)*   Ma pauvre grand-mère, elle _____ une grippe terrible.

C. Un voyage exotique. Jean-Yves décrit les vacances de ses parents. Complétez le texte par les expressions suivantes.

pendant	*deux jours*	*dernière fois*	*le week-end dernier*
~~*ce matin*~~	*deux semaines*	*hier soir*	

____Ce matin____, mes parents ont téléphoné du Sénégal où ils passent des vacances. Le Sénégal

a beaucoup changé depuis la _____ que mon père a visité l'Afrique. Mon père a

traversé le Sénégal et l'Afrique du Nord _____ ce voyage-là. Il a beaucoup

aimé le Sénégal. Alors, il a invité ma mère à faire un voyage à travers ce beau pays. Ils ont passé

_____ à Dakar chez un ami de mon père qui travaille à l'Ambassade

américaine. Après Dakar, ils ont visité Saint-Louis où ils ont passé _____

dans un hôtel colonial, *La Résidence au Poste,* construit en 1895. _____ ils ont

fait de longues promenades dans les forêts tropicales de Casamance à l'intérieur du pays. Moi,

_____ j'ai rêvé *(dreamed)* de faire un voyage comme le voyage de mes

parents dans un pays exotique.

D. Trop tard *(Too late).* Répondez en employant le passé composé et les expressions suivantes pour indiquer qu'on a déjà fait les activités proposées.

ce matin	*dernier*	*il y a*
déjà	*hier soir*	*pendant*

❑   Tu vas faire tes devoirs maintenant?

     Non, j'ai fait mes devoirs hier soir.

1. Tu vas travailler à la bibliothèque ce soir?

     _____

2. Et Martine? Elle va jouer au tennis?

     _____

3. Alain et toi, vous allez faire la cuisine?

   _____

4. Est-ce que Sylvie et Nathalie vont nager à 5 heures?

   _____

5. Diane va-t-elle téléphoner à ce jeune homme?

   _____

6. Est-ce que Patrick et Suzanne vont regarder le match de foot à la télé?

   _____

7. Ta sœur va-t-elle faire du jogging ce matin?

   _____

8. Nous allons manger une pizza?

   _____

1A **E. Le journal** *(diary)* **de Paul.** Paul écrit ses activités dans son journal. Complétez le journal avec les verbes qui conviennent au passé composé. (Il est possible d'employer un verbe deux ou trois fois.)

avoir	*faire*	*passer*	*téléphoner*
écouter	*manger*	*regarder*	

1. Hier, j'_____ un samedi assez tranquille.

2. Je n'_____ le temps de faire les courses.

3. Et je n'_____ mes devoirs.

4. À midi, j'_____ un steak au *Bistro de la Gare*. C'est mon bistro favori!

5. L'après-midi, Bernard et moi, nous _____ des CD chez moi.

6. Ensuite, nous _____ une heure au centre commercial de Mériadeck.

7. À 3 heures, j'_____ la sieste.

8. Le soir, j'_____ à Martin pour l'inviter au cinéma, mais il n'aime pas

   aller au cinéma.

9. Alors, j'_____ un petit sandwich et

   j'_____ un film comique à la télévision.

2B

F. Les plaisirs de la lecture. Voilà ce que les personnes suivantes aiment lire. Regardez le tableau *(chart)* suivant et puis complétez les phrases d'après l'exemple.

	romans	magazines	journaux	bandes dessinées	poèmes
Fabien et toi, vous ...				toujours	ne ... jamais
Robert ...	toujours		ne ... jamais		
Mimi et René ...		souvent		rarement	
Paul et moi, nous ...		quelquefois	régulièrement		
Toi, tu ...	ne ... jamais		toujours		
Moi, je ...		souvent		ne ... jamais	
Mylène et toi, vous ...	quelquefois				ne ... pas du tout

❑ Fabien et toi, vous _*lisez toujours des bandes dessinées, mais vous ne lisez jamais de poèmes.*_

1. Robert _____

2. Mimi et René _____

3. Paul et moi, nous _____

4. Toi, tu _____

5. Moi, je _____

6. Mylène et toi, vous _____

7. Et vous? Que lisez-vous souvent? toujours? quelquefois? jamais?

_____

_____

_____

_____

G. Qu'est-ce qu'on écrit? Complétez les phrases avec la forme convenable (au présent ou au passé composé) du verbe **écrire** ou avec une expression de la liste suivante.

journal	*poème*	*carte postale*
dissertation	*lettre*	*pièce*

❑ L'année dernière, le professeur ___*a écrit*___ un livre en français.

1. En ce moment, Robert _____ une _____ à ses parents. Hier

   soir, il _____ une longue _____ à sa petite amie.

2. Le semestre dernier, Joël et toi, vous _____ une longue _____

   pour le cours de philosophie.

3. Sophie et Marie-Louise (ne ... jamais) _____ de

   _____ en français.

4. Le week-end dernier, Paul et moi, nous _____ une petite _____

   pour le cours de théâtre. J' _____ trois scènes et Paul _____

   une seule scène.

5. Chaque lundi, Gisèle et Alice _____ un éditorial dans le _____

   des étudiants.

6. Et vous? Est-ce que vous écrivez souvent des lettres? À qui?

   _____

7. Est-ce que vous avez déjà écrit une longue dissertation en français?

   _____

8. Écrivez-vous des poèmes à vos ami(e)s?

   _____

9. Écrivez-vous beaucoup de messages électroniques?

   _____

H. Un adolescent difficile. Pierre est un adolescent qui répond toujours négativement aux questions de ses parents. Répondez aux questions en utilisant **ne ... rien.** Attention aux temps et à l'utilisation des prépositions!

❏ Pierre, tu as fait tes devoirs?

Non, je n'ai rien fait.

1. Pierre, qu'est-ce que tu regardes?

_____

2. Qu'est-ce que tu fais d'intéressant à l'école?

_____

3. Qu'est-ce que tu as lu aujourd'hui?

_____

4. Qu'est-ce que tu as écrit dans ton cours d'anglais?

_____

5. Et qu'est-ce que tu vas faire ce soir?

_____

I. Quelques questions personnelles. Répondez.

1. Combien d'heures avez-vous étudié hier soir?

_____

2. Est-ce que vous avez dîné tard hier soir?

_____

3. Combien de temps avez-vous passé à table?

_____

4. Combien de temps passez-vous à faire vos devoirs d'habitude?

_____

5. Combien de temps avez-vous passé à la bibliothèque la semaine dernière?

_____

6. Est-ce que vous vous levez tôt d'habitude?

_____

7. Combien de fois par mois allez-vous au cinéma?

   _____

8. Combien de fois par mois vous levez-vous tard?

   _____

9. Sortez-vous souvent?

   _____

10. Est-ce que vous vous amusez beaucoup?

   _____

3F **J. Au contraire.** Répondez aux questions d'après l'exemple. Faites attention à l'emploi des prépositions **à** et **de.**

❑ Vous avez joué de la guitare chez les Martin? *(basket)*

   Non, nous avons joué au basket (chez les Martin).

1. Nadège a-t-elle joué du piano cet après-midi? *(tennis avec Alice)*

   _____

2. Vas-tu jouer de la batterie avec Jean-Luc ce soir? *(foot)*

   _____

3. Daniel et Luc vont-ils jouer au hockey ce week-end? *(accordéon et saxophone)*

   _____

4. Est-ce que tes nouveaux amis américains vont jouer au basket samedi? *(cartes avec nous)*

   _____

5. Monique aime jouer au bridge, n'est-ce pas? *(échecs)*

   _____

6. Et Suzanne, a-t-elle joué du piano hier soir? *(violon)*

   _____

7. Est-ce que Tiger Woods a joué à la pétanque? *(golf)*

   _____

8. Et vous? De quoi jouez-vous?

   _____

K. Où sont-ils? Complétez les phrases et utilisez des pronoms accentués. Suivez les exemples.

❑ François est chez _____lui_____.

❑ Les étudiants sont chez _____eux_____.

1. Lisette est chez Henriette. Elle passe l'après-midi chez _____.

2. Le professeur est chez _____.

3. Tu as invité Guillaume et Marcel. Ils sont chez _____.

4. Vous êtes chez _____.

5. Je suis chez _____.

6. Hier soir tu as dîné chez tes parents. Tu as dîné chez _____.

7. Nous sommes chez _____.

8. Les filles de Madame Garnier sont chez _____.

L. Les conformistes. Répondez aux questions suivantes d'après les exemples. Utilisez un pronom accentué pour répondre à la question.

❑ Paul porte toujours un jean, un tee-shirt et des baskets. Et ses camarades? _____Eux aussi._____

❑ Paul ne porte jamais de chapeau. Et son ami Roland? _____Lui non plus._____

1. Charlotte aime les comédies. Et sa meilleure amie? _____

2. Mais elle n'aime pas du tout les films d'action. Et son petit ami? _____

3. Pour aller danser, Charlotte porte souvent une robe courte. Et ses camarades? _____

4. Charlotte et Bernard ne font jamais de camping. Et Thierry et Chantal? _____

5. Charlotte et Bernard détestent le rock. Et leurs parents? _____

6. Mais ils adorent le reggae et la musique afro-antillaise. Et leurs camarades? _____

7. Le père de Charlotte n'aime pas la bière hollandaise. Et son oncle? _____

8. La mère de Charlotte aime beaucoup le citron pressé. Et sa tante? _____

M. Que font-ils ce week-end? Complétez les phrases suivantes avec le verbe entre parenthèses au présent.

1. *(sortir)* —Ce soir, je _____ avec Christophe. Nous allons voir un film. Et vous, qu'est-ce que vous faites plus tard?

2. *(sortir)* —Nous _____ dîner avec Éric et Leila.

3. *(dormir)* —Le samedi matin, vous _____ tard, en général?

4. *(dormir)* —Oui, d'habitude nous _____ tard.

5. *(partir)* —Mais demain, nous _____ en voyage.

6. *(partir)* —À quelle heure _____ -vous?

7. *(partir)* —Le train _____ à huit heures du matin.

8. *(dormir)* —Et toi, est-ce que tu _____ tard le samedi matin?

9. *(partir)* —D'habitude, oui, mais demain je _____ aussi en voyage.

N. Questions sur votre vie privée. Répondez en faisant particulièrement attention à la conjugaison des verbes en **-yer.**

1. Qui nettoie la maison chez vos parents? Qui nettoie votre chambre?

_____

2. Est-ce que vous et vos amis nettoyez votre chambre dans votre résidence universitaire?

_____

3. Quand avez-vous nettoyé votre chambre pour la dernière fois?

_____

4. À qui envoyez-vous des lettres? À vos amis? À votre famille?

_____

5. Envoyez-vous beaucoup de messages électroniques? À qui?

_____

6. Est-ce que les étudiants dans votre université envoient beaucoup de messages électroniques? Et les professeurs?

_____

7. Quand avez-vous envoyé votre dernier message électronique? À qui?

_____

O. Le Club Med. Regardez le tableau des activités du *Club Med* dans des endroits différents puis répondez aux questions par des phrases complètes.

ACTIVITÉS ÉTÉ MER	MALABATA MAROC - P 78	LES MALDIVES REP DES MALDIVES - P 182	MARRAKECH MAROC - P 78	OTRANTO ITALIE - P 94	PAKOSTANE YOUGOSLAVIE - P 134	PALAIS MANIAL ÉGYPTE - P 146	PLAYA BLANCA MEXIQUE - P 178	POMPADOUR FRANCE - P 128	PUERTO MARIA ESPAGNE - P 114	PUNTA CANA RÉP. DOMINICAINE - P 165	LES RESTANQUES FRANCE - P 126	ROUSSALKA BULGARIE - P 138	SANTA GIULIA CORSE - P 119	SMIR MAROC - P 68
piscine	✓	✓	✓			✓	✓				✓			✓
tennis	✓		✓	✓			✓	✓	✓	✓	✓	✓		✓
voile	✓	✓	✓	✓			✓	✓	✓	✓			✓	✓
équitation	✓		✓				✓	✓						
yoga	✓		✓		✓			✓	✓		✓		✓	✓
judo					✓								✓	✓
basket, football, aérobique	AÉRO-BIQUE		AÉRO-BIQUE	FOOT AÉRO-BIQUE	AÉRO-BIQUE		BASKET AÉRO-RIQUE	AÉRO-BIQUE	AÉRO-BIQUE	AÉRO-BIQUE	AÉRO-BIQUE	AÉRO-BIQUE	AÉRO-BIQUE	AÉRO-BIQUE
restaurant annexe	✓		✓	✓								✓		✓
arts appliqués	✓		✓	✓			✓	✓	✓			✓	✓	✓
location de voitures	✓		✓						✓				✓	✓
promenades et location de bicyclettes	✓							✓	✓		✓			
enfants (sans moniteur) à partir de		6 ANS	6 ANS			12 ANS	6 ANS				6 ANS			
Baby-Club à partir de												1 AN		

Questions:

1. Dans quel pays se trouve le *Club Med Pompadour*?

   _____

2. Combien de clubs y a-t-il au Maroc?

   _____

3. Où est le *Club Med Playa Blanca*?

   _____

4. Nommez le *Club Med* où on fait du yoga, de l'équitation et de la voile.

   _____

5. Quel club propose un *Baby-Club* à partir d'un an?

   _____

6. Vous aimez faire du sport pendant les vacances?

_____

7. Quelles activités du *Club Med* aimez-vous?

_____

 P. *Rédaction:* **La vie en dehors** *(outside)* **de la classe.** Bruno vous a envoyé la lettre suivante. Répondez à sa lettre par deux paragraphes où vous décrivez vos activités en dehors de la classe. [Note: You may not know all the words Bruno is using; try to guess their meaning from the context.]

Genève, le 20 mars 20...

Cher (Chère) ami(e),

Je suis très heureux d'avoir reçu ta dernière lettre. Aujourd'hui, je vais te raconter (tell) ce que je fais d'habitude, et quand j'ai du temps libre.

Le lundi, je n'ai cours que jusqu'à 2 heures; alors après, je vais travailler dans un magasin de sport «Décathlon». Je travaille de 3 heures à 7 heures, et aussi le samedi toute la journée. Cela fait seulement 12 heures par semaine, mais je dois aussi étudier beaucoup; alors c'est suffisant!

Après le travail, le samedi, je sors avec mes amis: nous allons souvent au cinéma ou à la patinoire. Nous nous amusons beaucoup. Le reste de la semaine, je n'ai pas beaucoup de temps libre. J'étudie à la bibliothèque (souvent avec un groupe d'amis), ou je joue de la guitare dans ma chambre pour pratiquer et me relaxer.

Le dimanche est mon seul vrai jour de repos. Je me lève vers midi, je prends mon petit déjeuner et je regarde un peu la télévision. Quelquefois, mon ami Antoine me téléphone pour me demander de jouer au football avec lui. C'est toujours avec plaisir que je réponds «Oui!», et nous allons ensemble au stade.

Et toi? Qu'est-ce que tu fais? Dans ta prochaine lettre, raconte-moi ta vie en dehors de la classe, s'il te plaît!

J'espère que tu vas bien. À bientôt de te lire!

Ton ami,

Bruno

• Répondez aux questions suivantes.

a. Travaillez-vous? Où? Combien d'heures par semaine?

_____

_____

b. Sortez-vous souvent? Quand? Avec qui?

_____

_____

c. Est-ce que vous vous amusez beaucoup? Quelle est votre activité préférée?

_____

_____

d. Où allez-vous généralement le week-end?

_____

_____

e. Vous levez-vous tôt ou tard le dimanche matin?

_____

_____

f. Jouez-vous d'un instrument de musique? Jouez-vous souvent aux cartes? etc.

_____

_____

- Maintenant, écrivez une lettre de deux paragraphes avec les informations que vous avez notées.
  Dans le premier paragraphe, parlez de votre travail ou de vos études. Dans le second paragraphe,
  écrivez au sujet de vos loisirs *(leisure activities)*. Avant d'écrire la lettre, révisez **Début de
  rédaction** à la page 177 de votre livre.

_____

_____

_____

_____

_____

_____

_____

_____

_____

_____

_____

_____

Chapitre 7   Où êtes-vous allé(e)?

 A. Au téléphone. Séverine Thévenot vient de descendre du train à la gare de Laval. Elle téléphone aux Renaud pour qu'ils viennent la chercher. Complétez la conversation.

1. Allô? _____

2. Qui est à l'appareil? _____

3. Vous êtes arrivée? _____

4. Vous devez être fatiguée,

   Mademoiselle. _____

5. Restez à la gare. Ma femme est déjà

   partie vous chercher. _____

    a. Non, pas trop.

    b. C'est très gentil à vous de vous occuper de moi.

    c. Monsieur Renaud?

    d. Je viens de descendre du train.

    e. Bonjour, Monsieur. C'est Séverine Thévenot.

 B. À la gare. Complétez les phrases suivantes avec les verbes entre parenthèses au passé composé.

❑   (arriver)   Est-ce qu'elle _____*est arrivée*_____ à la gare en retard?

❑   (ne ... pas partir)   Non, elle _____*n'est pas partie*_____ à l'heure.

1. (aller)   Aline et Marc, est-ce que vous _____ à la gare hier?

2. (arriver)   Oui, et nous _____ en avance, à 15 heures.

3. (entrer)   Le train _____ en gare à 15 heures 40.

4. (rester)   Est-ce que Laure _____ avec vous au café de la gare?

5. (rentrer)   Oui. Après le café, nous _____ à la maison.

6. (tomber; aller)   Laure _____ malade pendant les vacances; elle

   _____ chez le médecin à Laval.

7. (ne ... pas revenir)   Ses parents _____ de Vancouver.

8. (sortir)   Marc, Laure et toi, vous _____ hier soir?

9. (descendre)   Oui, nous _____ en ville pour dîner.

1A

C. Quel week-end! Sandrine écrit a son amie Stéphanie. Utilisez le passé composé des verbes indiqués pour compléter la lettre de Sandrine. Répondez ensuite aux questions. Attention au choix entre **être** et **avoir**!

Chère Stéphanie,

Samedi soir, Arnaud, Antoine, Delphine et moi, nous (aller) _____

au cinéma. Comme d'habitude, Arnaud (ne pas arriver) _____

à l'heure. Il (arriver) _____ un quart d'heure en retard parce qu'il

(avoir) _____ des problèmes avec ses parents. Nous (partir)

_____ de chez moi vers 8 heures 20. Mais heureusement nous

(arriver) _____ au cinéma avant le début du film. J'(trouver)

_____ le film très intéressant. Après le film, nous (aller)

_____ manger des glaces au Mont Royal où nous (parler)

_____ longtemps de nos vacances d'été. Je (rentrer) _____

vers minuit. J'(bien dormir) _____ ! Je (ne pas dormir)

_____ tard dimanche matin. Je (se lever) _____

très tôt et je (aller) _____ à l'église avec mes parents; après j'(faire)

_____ quelques devoirs. L'après-midi, j'(jouer) _____ au

tennis. Et toi, qu'est-ce que tu (faire) _____ ce week-end?

J'attends ta lettre.

Tchao,

Sandrine

Questions:

1. Qu'est-ce que Sandrine a fait samedi soir?

   _____

2. Comment est-ce qu'elle a trouvé le film?

   _____

3. Pourquoi Arnaud est-il arrivé en retard?

   _____

4. À quelle heure Sandrine et ses amis sont-ils partis?

   _____

5. Qu'est-ce qu'ils ont fait après le film?

   _____

6. À quelle heure est-ce que Sandrine est rentrée?

   _____

7. Et vous? Est-ce que vous vous êtes bien amusé(e) le week-end dernier?

   _____

8. Est-ce que vous êtes allé(e) au cinéma?

   _____

9. Est-ce que vous vous êtes levé(e) tôt dimanche matin?

   _____

10. Est-ce que vous avez écrit une lettre ou un message électronique la semaine dernière? À qui?

   _____

D. Quelle coïncidence! Les personnes suivantes ont fait les mêmes choses. Décrivez ce qu'elles ont fait d'après l'exemple. Faites attention à l'accord du participe passé!

❑ Brigitte est allée au concert. Et Marc?

   Lui aussi, il est allé au concert.

1. Danielle est rentrée vers minuit. Et Christine?

   _____

2. Didier est retourné à Montréal. Et Marianne et sa sœur?

   _____

3. Je suis sorti(e) samedi soir. Et toi, Monique?

   _____

4. Arnaud et toi, vous êtes partis à 8 heures pour aller en ville. Et les autres étudiants?

   _____

5. Mes amis se sont amusés le week-end dernier. Et ton frère?

   _____

6. Tu es resté(e) dans ta chambre ce week-end. Et Sylvie et Suzanne?

   _____

7. Thierry s'est levé à 7 heures du matin. Et toi, Adèle?

   _____

8. Votre ami est descendu du train de Québec. Et vous, Antoine et Albert?

   _____

9. Mes parents sont revenus hier après-midi. Et tes parents?

   _____

10. Le professeur est allé au théâtre jeudi soir. Et ses étudiants?

    _____

1B **E. Est-ce qu'ils y vont?** Remplacez l'endroit indiqué par le pronom **y.** Attention au temps des verbes!

☐ Le professeur va souvent <u>en Louisiane</u>.

   Il y va souvent.
   _____

1. Je vais quelquefois <u>à la bibliothèque</u>.

   _____

2. Nous ne passons pas deux heures <u>au labo</u> chaque jour.

   _____

3. Ma sœur travaille <u>à la bibliothèque universitaire</u>.

   _____

4. Mes parents ont fait un voyage <u>au Sénégal</u> il y a cinq ans.

   _____

5. La plupart des étudiants ont écrit leurs dissertations <u>au resto U</u>.

   _____

6. Je vais poster une lettre <u>en ville</u>.

   _____

7. Elles ne sont pas restées <u>à la gare</u>.

   _____

8. Mon frère a habité <u>en France</u> pendant cinq ans.

   _____

9. Vous allez <u>à l'église</u> le dimanche?

   _____

F. L'emploi du temps de Sabine. Sabine écrit toujours sur son agenda les choses à faire. Vendredi soir, sa camarade de chambre examine sa liste et demande à Sabine si elle a fait toutes ces choses. Posez des questions d'après l'exemple et répondez en utilisant le pronom **y.** S'il n'y a pas de marque √ devant l'activité, répondez **non** et mettez le verbe à la forme négative.

Vendredi 9 novembre

9 h	√	aller en classe
11 h	____	descendre en ville trouver un pull
12 h 30	√	déjeuner avec Mathilde au bistro du coin
14 h	____	aller au bureau de poste
14 h 30	√	rentrer chez moi
17 h	√	étudier à la bibliothèque
19 h	√	dîner au restaurant

❑ — *Tu es vraiment allée en classe à 9 heures?* _____

— *Oui, j'y suis allée.* _____

❑ — *Tu es descendue en ville trouver un pull?* _____

— *Non, je n'y suis pas descendue.* _____

1. — _____

— _____

2. — _____

— _____

3. — _____

— _____

4. — _____

— _____

5. — _____

— _____

G. D'où viennent-ils? Complétez les phrases suivantes d'après l'exemple.

❑ *Je viens de la bibliothèque.*

1. 2. 3. 4.

   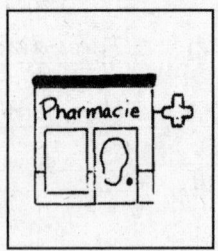

5. 6. 7. 8.

1. Hélène _____

2. Liliane et Arnaud _____

3. Vous _____

4. Éric _____

5. Tu _____

6. Mes parents _____

7. Marion et moi, nous _____

8. Vous _____

H. Une collection philatélique. Maryline collectionne les timbres *(stamps)*. Elle a des timbres de beaucoup de pays. Suivez l'exemple et indiquez la date et le pays d'origine de ses timbres. (Suggestion: Révisez *Entre amis,* pages 18 et 66.)

❑   17/4/89; Strasbourg (F)

On a posté cette lettre ___*de France le 17 avril mille neuf cent quatre-vingt-neuf.*___

1.   21/1/76; Munich (D)

On a posté cette lettre _____

2.   18/8/79; Berne (CH)

On a posté cette lettre _____

3.   26/6/46; Casablanca (MA)

On a posté cette lettre _____

4.   9/11/59; Indianapolis (USA)

On a posté cette lettre _____

5.   12/11/11; Montréal (CDN)

On a posté cette lettre _____

6.   2/2/22; Londres (GB)

On a posté cette lettre _____

I. Les fêtes en France. Lisez le calendrier des jours de fermeture *(closing)* des banques en France. Ensuite, écrivez des phrases d'après l'exemple.

Les jours de fermeture des banques en France pour l'année 2006

1er janvier	*Jour de l'An*	5 juin	*Lundi de Pentecôte*
14 avril	*Vendredi Saint*	14 juillet	*Fête nationale*
15 avril	*Veille de Pâques*	15 août	*Assomption*
17 avril	*Lundi de Pâques*	1er novembre	*La Toussaint*
1er mai	*Fête du Travail*	11 novembre	*Armistice***
8 mai	*Armistice**	25 décembre	*Noël*
25 mai	*Ascension*		

*Fin de Seconde Guerre mondiale *(WWII)*   **Fin de Première Guerre mondiale *(WWI)*

❑   01/01/06   Les banques sont fermées ___*le 1er janvier 2006 (Jour de l'An).*___

1.   14/04/06   Les banques sont fermées _____

2.   15/04/06   Les banques sont fermées _____

3.   01/05/06   Les banques sont fermées _____

4.   15/08/06   Les banques sont fermées _____

5. 25/05/06 Les banques sont fermées _____

6. 08/05/06 Les banques sont fermées _____

7. 14/07/06 Les banques sont fermées _____

8. 01/11/06 Les banques sont fermées _____

9. 11/11/06 Les banques sont fermées _____

10. 25/12/06 Les banques sont fermées _____

J. Le temps chez vous. Répondez aux questions suivantes par des phrases complètes.

1. En quelle saison êtes-vous né(e)?

   _____

2. Quel mois?

   _____

3. Quel temps fait-il généralement à ce moment-là?

   _____

4. Quel mois est-ce qu'il commence à faire froid chez vous?

   _____

5. En quelle saison est-ce qu'il pleut chez vous?

   _____

6. Pendant quel(s) mois est-ce que vous allez partir en vacances?

   _____

7. Quel mois commence la saison de basket-ball?

   _____

8. Quelle est votre saison préférée? Pourquoi?

   _____

K. C'est vrai ou ce n'est pas vrai? Répondez avec **Oui** ou **Si** aux questions en utilisant **venir de.** (Suggestion: Révisez *Entre amis,* page 74.)

❑ C'est vrai, tu as déjà lu la carte postale de ton amie?

Oui, je viens de lire sa carte postale.

❑ C'est vrai, tu n'as pas fait les courses?

Si, je viens de faire les courses.

C'est vrai, ...

1. tu as lu le journal?

_____

2. tu n'as pas téléphoné à tes parents?

_____

3. vous deux, vous avez joué aux échecs?

_____

4. ton ami et toi, vous êtes allés à la gare?

_____

5. les étudiants n'ont pas joué au basket?

_____

6. ta camarade de chambre et toi, vous avez fait vos devoirs de maths?

_____

7. tu n'as pas expliqué pourquoi tu n'es pas sorti(e)?

_____

8. tes amis n'ont pas téléphoné?

_____

L. *Rédaction:* **Qu'est-ce que vous avez fait le week-end dernier?** Vous voulez raconter à votre amie Caroline ce que vous avez fait le week-end dernier. Avant d'écrire, révisez **Début de rédaction** à la page 204 de votre livre.

1. Faites une liste de vos activités du week-end dernier.

	Quoi?	Quand?	Avec qui?
☐	aller au cinéma	vendredi soir	avec mes amis

2. Répondez aux questions suivantes.

- Avez-vous étudié? Pendant combien de temps?

  _____

- Avez-vous envoyé des messages électroniques? À qui?

  _____

- Avez-vous lu des journaux? des magazines? un livre?

  _____

- Êtes-vous sorti(e)? Avec qui? Quand?

  _____

- Vous êtes-vous levé(e) tôt/tard dimanche matin? Pourquoi?

  _____

3. Maintenant, utilisez ces réponses dans votre lettre.

  _____

  _____

  _____

  _____

  _____

  _____

  _____

  _____

Chapitre **8** *On mange bien en France*

 A. Qu'est-ce qu'il y a dans la cuisine de Stéphanie? Identifiez les choses suivantes et commencez vos phrases par **il y a**, puis **du, de l', de la** ou **des.**

    1.    2.

❑   *Il y a du poulet.*

 3.   4.    5.

6.   7.    8.

1. _____

2. _____

3. _____

4. _____

5. _____

6. _____

7. _____

8. _____

B. Des catégories. Soulignez (*Underline*) l'expression qui n'appartient pas (*doesn't belong*) à la catégorie.

1. de l'emmenthal / du camembert / du brie / du poulet
2. des haricots verts / des épinards / du chèvre / des petits pois
3. de la tarte / de la viande / du gâteau / de la glace
4. de la salade / du bœuf / du poulet / du porc
5. de la truite / du poisson / du saumon / du pain
6. des pâtisseries / de la truite / du gâteau / des fruits

C. À la Soupière gourmande. Regardez la carte du restaurant *La Soupière gourmande* et devinez le choix de trois de vos camarades de classe en précisant un hors-d'œuvre, un plat principal (avec des légumes), un dessert et une boisson pour chacun(e). Variez vos choix.

La Soupière gourmande

Menu

Au choix
- Soupe de légumes
- Pâté maison
- Crudités

Au choix
- Truite meunière / petits pois
- Filet de bœuf / haricots verts
- Poulet rôti / frites
- Côte de porc / riz

Au choix
- Crêpe Suzette
- Salade de fruits
- Gâteau au chocolat

Boissons
- Vin rouge / blanc / rosé
- Bière
- Eau minérale

❑ *Hervé va prendre des crudités, du poulet rôti, des frites et de la salade de fruits.*

Comme boisson, il va prendre de la bière. _____

1. _____

_____

2. _____

_____

3. _____

_____

4. Et vous? Qu'est-ce que vous allez prendre?

Moi, _____

_____

1A **D. Un repas spécial.** Dimanche, c'est l'anniversaire de Nadège. Sa maman va préparer un repas spécial. Complétez le menu qu'elle compose avec l'article partitif qui convient.

D'abord, nous allons commencer par un apéritif: _____ kir. Ensuite, comme hors-d'œuvre:

_____ pâté et _____ crudités. Puis, comme plat principal, nous allons avoir _____

poisson— _____ truite ou _____ saumon. Et _____ légumes, c'est sûr: _____

haricots verts, _____ épinards et _____ carottes. Il faut aussi, bien sûr, _____

fromage, oui, un plateau de fromages variés: _____ camembert, _____ emmenthal,

_____ brie et _____ chèvre. Enfin, les desserts: _____ gâteaux au chocolat,

_____ fruits et _____ glace aux framboises. Ah! j'ai oublié les boissons, _____ vin

blanc avec le poisson et _____ eau minérale, une grande bouteille d'Évian.

1B **E. Le pauvre serveur!** Parce que beaucoup de touristes ont visité le restaurant *Château du Pray*, il y reste peu de choses à manger et à boire. Composez de petits dialogues entre les clients qui commandent les repas suivants et le serveur qui suggère d'autres choix. Suivez l'exemple.

❑ poisson / viande

— *Vous avez du poisson?*

— *Je regrette, nous n'avons plus de poisson, mais nous avons de la viande.*

1. salade verte / salade de tomates

— _____

— _____

2. saumon / truite

— _____

— _____

3. petits pois / haricots verts

— _____

— _____

4. jus de pomme / jus d'orange

_____

_____

5. chèvre / brie

_____

_____

6. tarte aux pommes / fruits

_____

_____

F. Au salon de thé. Lisez la carte de ce salon de thé et indiquez par des phrases qui contiennent le verbe **prendre** ce que les personnes suivantes ont commandé. Suivez l'exemple.

Aux Délices d'Italie

Les Boissons Chaudes

1	Café express	1,40 €
2	Café crème	1,70 €
3	Café alsacien	4,50 €
4	Cappuccino	2,25 €
5	Chocolat	2,15 €
6	Thé nature	1,70 €
7	Thé à la menthe	1,70 €
8	Irish coffee	8,40 €
9	Thé au lait	2,00 €
10	Vin chaud	2,25 €

«Choisissez, selon votre envie du moment.»

Gourmandises

11	Croissant aux amandes	1,70 €
12	Pain au chocolat	1,80 €
13	Tartelette aux pommes	1,80 €
14	Truffe	2,40 €
15	Forêt noire	2,90 €

Glace

16	Coupe glacée: 3 boules	3,35 €
17	Coupe glacée: 4 boules	4,50 €
18	Pêche melba	4,25 €
19	Banana split	4,85 €
20	Poire Belle Hélène	4,85 €

❑ Les Laronde (#7 + #20) _prennent du thé à la menthe et une poire Belle Hélène._____

1. Ma belle-mère (#4) _____

2. Les enfants de ma belle-sœur (#19) _____

3. Marc et moi, nous (#1 + #11) _____

4. Et toi, Hélène? Tu (#9) _____

5. Mes nièces (#5 + #12) _____

6. Et vous? Qu'est-ce que vous prenez? Moi, _____

_____

G. Apprendre pour comprendre. Complétez chaque phrase avec (1) le pays où on trouve les villes indiquées et (2) la forme convenable des verbes **apprendre** et **comprendre.**

❑ Roland va bientôt aller travailler comme informaticien à Berlin, _en Allemagne._

Il _apprend_____ l'allemand.

1. Wendy a étudié trois ans à Bruxelles, _____. Alors elle

_____ le français et un peu le flamand.

2. Julio et Manuel, vous venez de passer un an à Montréal, _____, n'est-ce

pas? Alors vous _____ assez bien le français et l'anglais, non?

3. Bruno et son cousin vont travailler six mois cet hiver chez IBM à Madrid,

_____. Alors maintenant ils _____ l'espagnol.

4. Au printemps, des amis français vont faire un voyage à San Francisco,

_____. Alors ils _____ l'anglais.

5. Mes parents et moi, nous venons d'aller voir une tante à Tokyo, _____.

Mais nous ne _____ pas du tout le japonais.

6. Madame Robert, vous avez passé une année à Pékin, _____, n'est-ce pas?

Alors, vous _____ le chinois?

7. Et vous? Quelle(s) langue(s) apprenez-vous?

_____

8. Comprenez-vous très bien la grammaire? Qu'est-ce que vous ne comprenez pas bien?

_____

_____

H. Quelle quantité? Faites le choix convenable pour compléter les questions suivantes.

une assiette	*une tasse*	*des*	*un verre*
la boîte	*une bouteille*	*trop*	*un morceau*
une tranche			

❑ Vous voulez ___un verre___ de bière?

1. Encore _____ de vin?

2. Voulez-vous _____ de jambon?

3. Y a-t-il _____ de crudités sur la table?

4. Voulez-vous encore _____ frites?

5. Y a-t-il _____ de champagne pour le dessert?

6. Vous prenez _____ de café?

7. Où est _____ de bonbons?

8. Tu as mangé _____ de chocolat, hein? Maintenant tu es malade!

I. La gastronomie et les saisons. Souvent, on choisit des boissons et des plats différents selon le temps qu'il fait. Complétez les phrases avec des choix de boissons et de plats qui conviennent au climat de la saison. Utilisez les verbes **boire** et **manger** dans chaque phrase.

❑ Quand il fait chaud ... la plupart des étudiants ___boivent de la bière et (ils) mangent de la pizza.___

Quand il fait froid ...

1. mes parents _____

2. ma sœur _____

Quand il fait très chaud ...

3. mes amis et moi, nous _____

4. mon (ma) camarade de chambre _____

Quand il fait beau et pas trop chaud ...

5. nos voisins _____

6. la plupart des étudiants américains _____

7. Et vous? Qu'est-ce que vous buvez et qu'est-ce que vous mangez quand il fait très froid? Quand il fait très chaud? _____

_____

_____

J. Qu'en pensez-vous? Donnez vos opinions sur les choses suivantes.

Que pensez-vous ...

❑   du chèvre?

_____*Miam! C'est excellent.*_____ ou _____*Berk! C'est affreux.*_____ ou _____*Je l'aime assez.*_____

Que pensez-vous ...

1. du chocolat suisse?

_____

2. des Big Macs?

_____

3. du vin de Californie?

_____

4. de la bière mexicaine?

_____

5. des escargots *(snails)*?

_____

6. de la cuisine italienne?

_____

7. de la pizza aux anchois?

_____

K. C'est logique! Complétez les phrases avec les expressions suivantes.

avoir peur	*avoir raison*	*avoir tort*	*avoir soif*
avoir faim	*avoir froid*	*avoir sommeil*	*avoir chaud*

❑   En été, quand je joue au tennis et qu'il fait chaud, je bois souvent du coca parce que _____*j'ai soif.*_____

1. Pierre _____ parce qu'il n'a rien mangé.

2. En hiver je porte beaucoup de vêtements parce que j'_____.

3. Les coureurs *(runners)* du marathon boivent beaucoup d'eau parce qu'ils _____.

4. Mon petit frère regarde un film d'horreur. Qu'est-ce qu'il _____!

5. Si vous allez au Club Med à Marrakech en été, vous allez _____.

6. Thierry dit que Bruxelles est la capitale de la Belgique; il _____.

7. Par contre, David dit que Genève est la capitale de la Suisse; il _____.

8. Nous _____ parce que nous n'avons pas bien dormi hier soir.

Chapitre 8: WORKBOOK   **81**

L. Quelques préférences. Répondez négativement aux questions suivantes. Utilisez le verbe **aimer** avec un pronom d'objet direct, suivi d'un verbe de préférence. Suivez l'exemple.

❑ Tu aimes le champagne? (kir)

Non, je ne l'aime pas beaucoup. Je préfère le kir.

1. Tu aimes la salade de tomates? (la laitue)

   _____

2. Est-ce que tu aimes le poisson? (la viande)

   _____

3. Bernard aime la viande? (les légumes)

   _____

4. Tes parents aiment le saumon? (la truite)

   _____

5. Tu penses que le professeur aime le camembert? (le brie)

   _____

6. Ton neveu aime la pizza? (le steak-frites)

   _____

7. Est-ce que les étudiants aiment beaucoup l'orangina? (le coca)

   _____

8. Est-ce que tu aimes les épinards? (les carottes)

   _____

9. Maurice et toi, vous aimez les crêpes? (les gâteaux)

   _____

M. *Rédaction:* **Vos préférences.** Pour continuer le dialogue avec votre ami suisse, Bruno, vous écrivez une lettre sur vos préférences.

- D'abord, répondez aux questions suivantes.

1. **Les choses à manger:** Qu'est-ce que vous préférez manger d'habitude?

   - De la viande ou du poisson?

     Je préfère manger de la viande. J'aime beaucoup le poulet.

   - De la soupe ou des crudités?

     _____

   - De la glace au chocolat ou de la glace à la vanille?

     _____

   - Un sandwich au jambon ou un sandwich au beurre d'arachide?

     _____

2. **Les boissons:** Quelles boissons préférez-vous?

   - Le Coca Classique ou le Pepsi?

     _____

   - Le vin rouge ou le vin blanc?

     _____

   - Le thé ou le café?

     _____

3. **Les loisirs** *(Leisure activities):* Que préférez-vous faire quand vous avez un peu de temps libre?

   - Faire des devoirs à la bibliothèque ou faire du sport?

     _____

   - Parler avec des amis ou faire une promenade seul(e)?

     _____

   - Lire un roman ou regarder la télévision?

     _____

Chapitre 8: WORKBOOK **83**

- Maintenant, composez votre lettre à Bruno. Commencez par lui demander comment il va, s'il a beaucoup de travail, etc. Ensuite, parlez-lui de vos goûts: (1) la nourriture; (2) les boissons; (3) vos activités de loisir. Avant d'écrire la lettre, révisez **Début de rédaction** à la page 234 de votre livre.

_____

_____

_____

_____

_____

_____

_____

_____

_____

_____

_____

_____

Chapitre 9 *Où est-ce qu'on l'achète?*

 A. Où sommes-nous? Identifiez le(s) magasin(s) où on peut entendre les conversations suivantes.

❑ —Bonjour, Madame, vous avez le *Herald Tribune?*
—Oui, Monsieur. Le voilà.

On est au bureau de tabac.　　　ou　*On est au kiosque.*

1. —Monsieur, vous désirez?
—C'est combien, ces cartes postales?
—Un euro la carte.

_____

2. —Pardon, Madame. Vous avez de l'aspirine?
—Oui, bien sûr, Monsieur.

_____

3. —Ah! j'aime beaucoup ce blouson gris.
—Vingt-cinq euros, ce n'est pas cher!
—Pas du tout.

_____

4. —Pouvez-vous me dire où se trouve le riz?
—Là-bas, à droite, Mademoiselle.

_____

5. —Madame?
—Je voudrais un croissant et un petit pain, s'il vous plaît.

_____

6. —Est-ce que vous avez ce maillot en gris?
—Oui, Madame. Et aussi en bleu et en beige.

_____

7. —Un paquet de cigarettes.
—Trois euros, Monsieur.

_____

B. Au marché aux puces *(At the flea market).* Imaginez que vous vous promenez à Paris, au marché aux puces, et que vous entendez différentes conversations quand vous passez près d'autres personnes. Complétez les phrases suivantes avec les formes convenables des verbes indiqués. (**Attention!** *P* = Présent; *PC* = Passé Composé)

❑ *(perdre / PC)* Hier, Odile _a perdu_ ses livres.

1. *(vendre / P)* Oh là là! On _____ toutes sortes de choses ici!

2. *(vendre / PC)* Voici le vendeur qui _____ un tee-shirt à Marc.

3. *(rendre / P)* Je _____ ce jean au vendeur: il est trop petit.

4. *(ne ... pas perdre / PC)* J'espère que tu _____ le reçu *(receipt)*.

5. *(vendre / P)* Nous _____ seulement de la bonne qualité, Madame.

6. *(répondre / P)* Qu'il est bête! Il ne _____ pas à mes questions.

7. *(ne ... pas entendre / PC)* Je _____ ce monsieur.

8. *(descendre / attendre / P)* Nous _____ en ville à pied ou nous

_____ le bus?

C. Qu'est-ce que vous faites en classe? Répondez aux questions suivantes par des phrases complètes.

1. D'habitude, en classe, est-ce que vous répondez aux questions en anglais ou en français?

_____

2. Est-ce que vous entendez bien le professeur quand il/elle parle?

_____

3. Est-ce que vous rendez vos devoirs à l'heure?

_____

4. Est-ce qu'il y a des étudiants qui rendent leurs devoirs en retard?

_____

5. Est-ce que le professeur perd patience quand les étudiants rendent leurs devoirs en retard?

_____

6. Et vous? Perdez-vous patience quelquefois?

_____

7. Par exemple, attendez-vous vos amis quand ils sont en retard?

_____

8. Est-ce que vous rendez souvent visite à vos grands-parents?

_____

9. Est-ce que vous perdez souvent vos livres?

_____

10. Avez-vous déjà travaillé comme vendeur (vendeuse)?

_____

D. Les parties du corps. Regardez le dessin et nommez les parties du corps indiquées, sans consulter votre livre.

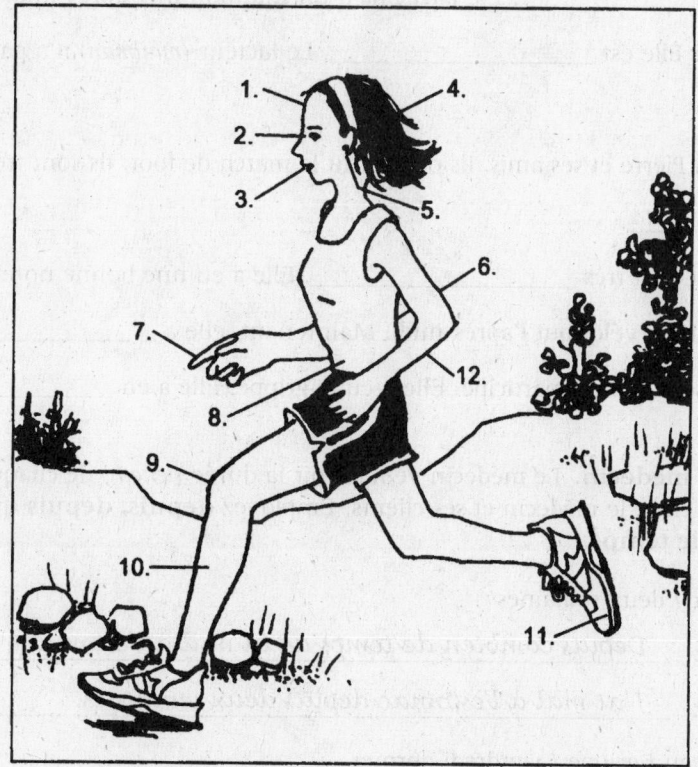

1. _____   7. _____

2. _____   8. _____

3. _____   9. _____

4. _____   10. _____

5. _____   11. _____

6. _____   12. _____

E. Qu'est-ce qu'ils ont? Complétez les phrases suivantes avec une de ces expressions. Faites attention aux accords en genre et en nombre.

déçu	mal aux bras	mal à l'estomac	mal aux pieds
déprimé	mal au dos	mal aux jambes	qui coule
heureux	mal aux épaules	mal aux yeux	de la fièvre

❑ Olivier a mangé trop de bonbons. Il a _mal à l'estomac_.

1. Dis donc! Tu travailles sur l'ordinateur depuis ce matin! Tu n'as pas

   _____?

2. Non, mais j'ai un rhume. J'ai le nez _____.

3. Moi, j'ai _____, _____ et

   _____. J'ai participé à un triathlon hier après-midi.

4. Tu as vu Annick? Elle est _____. Le facteur *(mailman)* n'a pas apporté la lettre

   qu'elle attend.

5. Non, mais j'ai vu Pierre et ses amis. Ils ont perdu le match de foot. Ils sont très

   _____.

6. Par contre, Isabelle est très _____. Elle a eu une bonne note en maths.

7. En plus, elle a fait du vélo tout l'après-midi. Maintenant, elle a _____.

8. Ma sœur, Thérèse, n'y a pas participé. Elle a eu la grippe. Elle a eu _____.

F. Chez le médecin. Le médecin veut savoir la durée *(length)* de chaque maladie. Écrivez le dialogue entre le médecin et ses clients. Employez **depuis, depuis quand** ou **depuis combien de temps.**

❑ Michel / estomac / deux semaines

   MÉDECIN: _Depuis combien de temps as-tu mal à l'estomac?_

   MICHEL: _J'ai mal à l'estomac depuis deux semaines._

❑ Madame Cointreau / grippe / vendredi dernier

   MÉDECIN: _Depuis quand avez-vous la grippe?_

   MME COINTREAU: _J'ai la grippe depuis vendredi dernier._

1. Rachid / gorge / deux jours

   _____

   _____

2. Mademoiselle Rouault / tête / ce matin

   _____

   _____

3. Chantal / genou / février dernier

— _____

— _____

4. Monsieur Cortot / pieds / jeudi

— _____

— _____

5. Christophe / yeux / deux mois

— _____

— _____

G. De quoi a-t-on besoin? Demandez de quoi on a besoin dans les circonstances suivantes et donnez une réponse.

❑ avoir envie de lire

   De quoi a-t-on besoin si on a envie de lire?

   On a besoin d'un bon livre.   ou   *On a besoin d'aller à la bibliothèque.*

1. avoir mal à la gorge

   _____

   _____

2. avoir l'air fatigué

   _____

   _____

3. avoir sommeil

   _____

   _____

4. avoir froid

   _____

   _____

5. avoir soif

   _____

   _____

H. Les petits magasins et les supermarchés. Dans les grandes villes françaises, on trouve souvent un *Carrefour,* un grand supermarché où on vend différents produits. Nommez les petits magasins où on peut aussi acheter les produits suivants en France.

❑ le pain / on   *On achète aussi du pain à la boulangerie.*

1. les livres / nous   _____

2. la viande / ma mère   _____

3. l'eau minérale / je   _____

4. les fleurs / mon père   _____

5. les épinards / Madame Richard   _____

6. les cigarettes / les fumeurs   _____

7. les saucisses / vous   _____

8. les oranges / les Français   _____

9. les haricots verts / ma famille   _____

10. le poulet / tu   _____

I. Jeu. Votre professeur de français organise un jeu pour la classe. Vous devez trouver le mot qui correspond le mieux à chaque définition donnée. Choisissez parmi les mots suivants.

l'argent	*le billet*	*la monnaie*
la carte de crédit	*le chèque*	*coûter*
un francophone	*la librairie*	*payer*

❑ C'est une personne qui parle français

un francophone

1. C'est un rectangle de plastique qu'on utilise pour payer ce qu'on achète sur le web.

   _____

2. C'est un verbe qu'on utilise pour demander combien d'argent il faut donner pour acheter quelque chose.

   _____

3. C'est l'argent qu'on vous rend quand vous avez acheté quelque chose.

   _____

4. C'est quelque chose dont on a besoin pour acheter du pain, par exemple.

   _____

5. C'est un objet rectangulaire en papier. On écrit combien d'argent on doit payer.

   _____

6. C'est l'endroit où on achète des livres.

   _____

J. Que de répétitions! Évitez la répétition des mots soulignés en utilisant le pronom relatif **qui.**

❑ J'ai mangé un steak. <u>Ce steak</u> m'a rendu malade.

   J'ai mangé un steak qui m'a rendu malade. _____

1. Marc t'a apporté le cadeau. <u>Ce cadeau</u> est sur la table.

   _____

2. Faites attention au chien. <u>Ce chien</u> est très méchant.

   _____

3. Les étudiants ont des difficultés à vivre. <u>Ces étudiants</u> sont pauvres.

   _____

4. Cesarino mange beaucoup de fromage. <u>Cesarino</u> est italien.

   _____

5. Le manteau est à toi? <u>Ce manteau</u> est sur le sofa.

   _____

6. Va voir «La Joconde» (*Mona Lisa*). «<u>La Joconde</u>» est au musée du Louvre.

   _____

Chapitre 9: WORKBOOK

K. À la terrasse d'un café. Complétez les phrases par le pronom relatif **que** ou **qu'**.

❏ Les nouvelles ___qu'___ on a entendues ce matin étaient bonnes.

1. L'écrivain _____ nous préférons est Michel Tournier.

2. La maison _____ il veut acheter est trop petite.

3. Le jour de la semaine _____ je préfère est le samedi.

4. Le livre _____ vous avez lu est très beau.

5. L'argent _____ elle me donne est bien suffisant.

6. Vous pouvez lire le livre _____ ma mère m'a envoyé.

7. Les roses rouges _____ tu m'as apportées sont absolument superbes.

L. Renseignements. Complétez les phrases suivantes en employant le pronom relatif **qui** ou **que**.

❏ Nos amis ___qui___ viennent de s'installer en ville ont une fille.

1. Le pull _____ vous avez acheté est magnifique.

2. L'ordinateur _____ est sur mon bureau est assez vieux.

3. Mon père aime beaucoup le livre _____ tu lui as envoyé.

4. L'étudiante _____ j'ai rencontrée hier est tombée malade.

5. Mon frère _____ habite à Lille fait du sport.

6. Cette montre? C'est mon mari _____ me l'a donnée.

7. Les femmes adorent Brad Pitt _____ a des yeux bleus magnifiques.

8. Le roman _____ tu as pris est de Balzac.

9. J'ai retrouvé le stylo _____ le professeur a perdu.

10. Ma sœur _____ va passer son examen demain étudie beaucoup.

M. *Rédaction:* **Le guide des magasins de chez nous.** Écrivez un guide des magasins de votre ville pour aider les touristes francophones. Parlez de certains magasins qu'ils vont voir et mentionnez ce qu'on vend dans ces magasins. Indiquez aussi combien coûtent une ou deux choses qu'ils vont trouver dans les magasins que vous mentionnez.

Première partie

Répondez aux questions suivantes.

1. Mentionnez trois magasins près de chez vous.

   _____

2. Qu'est-ce qu'on vend dans ces magasins (deux choses par magasin)?

   _____

   _____

3. Quel(s) magasin(s) préférez-vous? Pourquoi?

   _____

   _____

4. Est-ce qu'il y a un magasin que vous n'aimez pas? Pourquoi?

   _____

   _____

Deuxième partie

Maintenant écrivez votre guide. Avant d'écrire, révisez **Début de rédaction** à la page 262 de votre livre.

_____

_____

_____

_____

_____

_____

_____

_____

_____

_____

_____

Chapitre 10 *Dans la rue et sur la route*

A. En ville, en voiture. Regardez le plan de cette ville et indiquez comment on peut aller en voiture du point «A» au point «B».

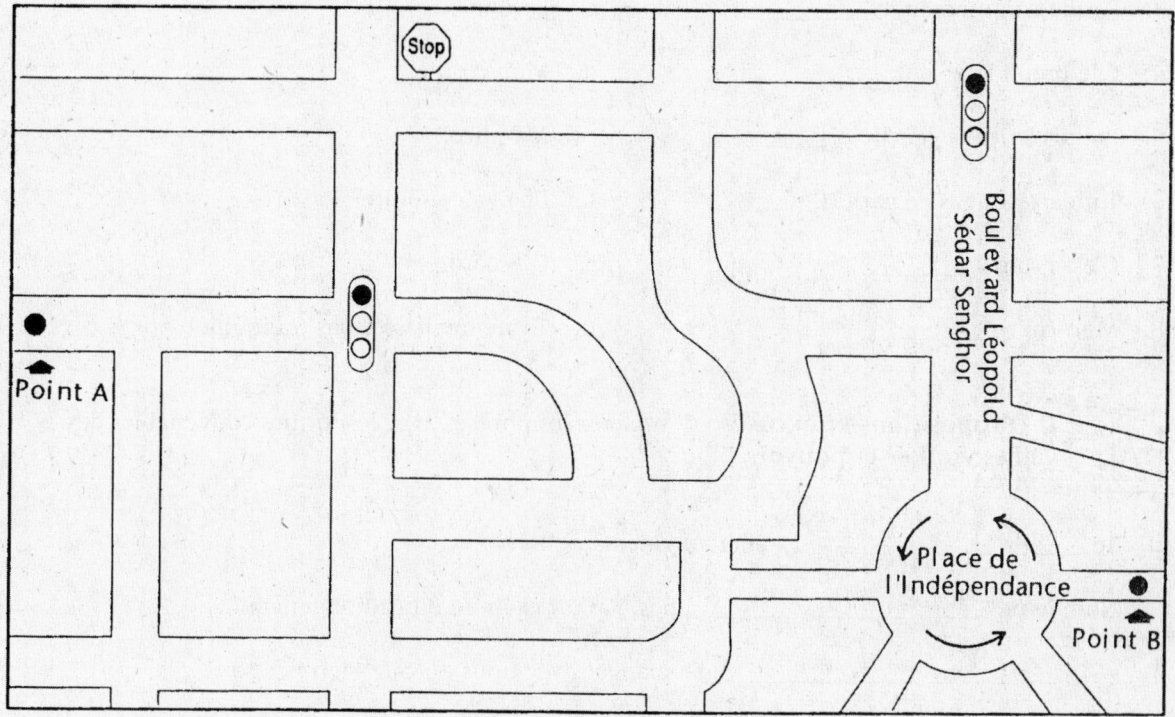

| *Du point «A» ...* | a. allez tout droit | *... jusqu'au feu rouge.* |
| | b. tournez à droite | |

| *Au feu rouge ...* | a. tournez à gauche | *... et allez jusqu'au stop.* |
| | b. allez tout droit | |

| *Au stop ...* | a. prenez la gauche | *... et continuez jusqu'au feu du boulevard Léopold Sédar Senghor.* |
| | b. tournez à droite | |

| *Au boulevard Léopold Sédar Senghor ...* | a. tournez à droite | *... et continuez jusqu'à la place de l'Indépendance.* |
| | b. tournez à gauche | |

| *À la place de l'Indépendance ...* | a. prenez la deuxième rue | *... et vous êtes au point «B».* |
| | b. prenez la quatrième rue | |

B. Ça veut dire la même chose. Pour chaque expression de la colonne de gauche, trouvez une expression de la colonne de droite qui veut dire la même chose.

1. Excusez-moi. _____
2. Ma chérie. _____
3. Pas de commentaire! _____
4. Elle prend le volant. _____
5. Prends la rue à gauche! _____
6. Tu n'arrêtes pas de parler! _____
7. C'est promis. _____
8. Mon chéri. _____

a. Tourne à gauche!
b. Tais-toi!
c. Pardon.
d. Mon cœur.
e. Ma puce.
f. Elle va conduire.
g. D'accord.
h. Tu ne me laisses pas tranquille!

C. Propositions et excuses. Complétez les phrases avec les formes convenables des verbes **vouloir** et **pouvoir**.

❑ Tu _____veux_____ aller au cinéma ce soir?

Non, je ne _____peux_____ pas, j'ai un examen d'histoire demain.

1. —Tu _____ venir manger avec nous au café Pierre ce soir?

   —Zut! Je ne _____ pas. J'ai une dissertation à écrire.

2. —Sékou et Jacques, _____ -vous venir chez nous plus tard?

   —Non, nous ne _____ pas. Nous avons des devoirs à faire.

3. —Tu as entendu? Abdou et Carine _____ aller à la plage. Toi, tu

   _____ y aller aussi?

   —Non, je regrette. Je ne _____ pas.

4. —Est-ce que Marianne et Alissa _____ nager aussi?

   —Non, elles ne _____ pas. Elles sont toutes les deux malades.

5. —Mais Jacqueline et moi, nous _____ bien y aller.

   _____ -nous vous accompagner?

6. —Chouette, nous _____ y aller ensemble en voiture.

D. Une éducation globale. Répondez aux questions. Suivez l'exemple.

❑   *la place de la Concorde*   —Connais-tu cette place?

   Non, je ne la connais pas.

1. *Céline Dion*   —Est-ce que vous connaissez cette femme?

   —_____

2. *Léopold Sédar Senghor*   —Est-ce que vous connaissez cet homme?

   —_____

3. *le beaujolais*   —Est-ce que votre mère connaît ce vin?

   —_____

4. *«L'Étranger»*   —Est-ce que la plupart des étudiants américains connaissent ce livre?

   —_____

5. *Jean-Paul Sartre*   —Est-ce que la plupart des Américains connaissent cet homme?

   —_____

6. *la Côte d'Ivoire*   —Est-ce que vous et vos camarades de classe connaissez ce pays?

   —_____

7. *Édith Piaf*   —Est-ce qu'on connaît Édith Piaf aux États-Unis?

   —_____

E. Pour mieux *(better)* **vous connaître.** Répondez en remplaçant les expressions en italique par **le, la, l'** ou **les.**

❑   Connaissez-vous bien *la ville de Dakar?*

   Oui, je la connais bien.   ou   _Non, je ne la connais pas (bien)._

❑   Où faites-vous *vos devoirs?*

   Je les fais dans ma chambre.

1. Faites-vous *vos devoirs* le soir ou l'après-midi?

   _____

2. Est-ce que vous écoutez *la radio* quand vous travaillez?

   _____

3. Regardez-vous quelquefois *la télé* le soir?

_____

4. Quand lisez-vous *le journal?*

_____

5. Où prenez-vous *le petit déjeuner?*

_____

6. Connaissez-vous *les autres étudiants de votre classe de français?*

_____

7. Connaissez-vous bien *les profs de vos cours?*

_____

8. Connaissez-vous *la famille de votre professeur de français?*

_____

9. Est-ce que vous consultez *le dictionnaire* quand vous allez à la bibliothèque?

_____

10. Est-ce que vous prenez *le bus* pour aller au campus?

_____

F. Des excuses, des excuses. Donnez des excuses pour expliquer pourquoi on ne peut pas faire les choses suivantes. Utilisez les expressions de la liste et remplacez les mots en italique par un pronom.

Excuses possibles:

regarder la télé	*aller au cinéma*	*passer un examen demain*
écouter des CD	*rester à la maison*	*se lever tard le matin*
sortir avec des amis	*jouer au tennis*	*parler avec son (sa) petit(e) amie(e)*
porter un jean	*prendre un avion*	*? (d'autres expressions de votre choix)*

❑ Didier ne veut pas faire *ses devoirs* de français.

Il ne veut pas les faire parce qu'il préfère sortir avec des amis.

1. Guy ne veut pas étudier *les maths.*

_____

_____

2. Mon frère ne veut pas faire *la vaisselle* maintenant.

   _____

   _____

3. Alissa et Moustapha ne veulent pas faire *le ménage*.

   _____

   _____

4. David ne veut pas attendre *sa sœur*.

   _____

   _____

5. Laurent et Claude ne veulent pas écrire *leurs dissertations*.

   _____

   _____

6. Vous ne voulez pas voir *votre tante Laurence*.

   _____

   _____

7. Tu ne veux pas prendre *le train*.

   _____

   _____

8. Mimi ne veut pas porter *sa nouvelle robe*.

   _____

   _____

9. Quelques étudiants ne veulent pas passer *l'examen* aujourd'hui.

   _____

   _____

Chapitre 10: WORKBOOK

G. À l'auto-école avec papa. Josiane apprend à conduire à l'auto-école. Son papa l'accompagne toujours à ses cours. Et chaque fois que Josiane conduit la voiture, son père répète les phrases du moniteur *(driving instructor)*. Écrivez les phrases du père de Josiane à l'impératif.

❏ MONITEUR: Vous allez <u>prendre</u> le volant.

   PAPA: *Prends le volant, ma puce!*

❏ MONITEUR: Nous devons <u>attacher</u> la ceinture de sécurité.

   PAPA: *Attachons la ceinture de sécurité, chérie!*

MONITEUR: Vous allez <u>regarder</u> dans le rétroviseur.

   PAPA: _____

MONITEUR: Prête? Alors nous pouvons <u>partir.</u>

   PAPA: _____

MONITEUR: Vous devez <u>être</u> prudente.

   PAPA: _____

MONITEUR: Nous allons <u>conduire</u> lentement.

   PAPA: _____

MONITEUR: Vous allez <u>tourner</u> à droite.

   PAPA: _____

MONITEUR: Puis vous allez <u>continuer</u> tout droit jusqu'au feu.

   PAPA: _____

MONITEUR: Vous <u>prenez</u> la première rue à gauche.

   PAPA: _____

MONITEUR: Au stop vous allez <u>faire attention</u> aux autres voitures.

   PAPA: _____

MONITEUR: Bon, nous allons <u>arrêter</u> la voiture ici.

   PAPA: _____

MONITEUR: La prochaine fois, Mademoiselle, il ne faut pas <u>venir</u> avec votre père.

   PAPA: _____

H. Une nouvelle voiture. Monsieur Ferrier est sévère. Il répète toujours les ordres de sa femme à ses enfants à l'impératif. Écrivez ses phrases d'après l'exemple.

❑ MADAME FERRIER: Il faut faire attention.

    MONSIEUR FERRIER: *Faites attention!* _____

❑ MADAME FERRIER: Vous n'allez pas crier dans la voiture.

    MONSIEUR FERRIER: *Ne criez pas dans la voiture!* _____

1. MADAME FERRIER: Il ne faut pas faire de bruit.

    MONSIEUR FERRIER: _____

2. MADAME FERRIER: On ne doit pas chanter dans la voiture.

    MONSIEUR FERRIER: _____

3. MADAME FERRIER: Vous allez être patients avec votre oncle, d'accord?

    MONSIEUR FERRIER: _____

4. MADAME FERRIER: Vous ne mangez pas dans la voiture.

    MONSIEUR FERRIER: _____

5. MADAME FERRIER: Vous ne buvez pas non plus.

    MONSIEUR FERRIER: _____

6. MADAME FERRIER: Vous allez dormir un peu.

    MONSIEUR FERRIER: _____

7. MADAME FERRIER: Vous allez garder la voiture très propre.

    MONSIEUR FERRIER: _____

8. MADAME FERRIER: Mireille, quand maman conduit, tu ne te lèves pas.

    MONSIEUR FERRIER: _____

9. MADAME FERRIER: Et toi, Nicolas, tu dois être prêt. C'est promis?

    MONSIEUR FERRIER: _____

      Chapitre 10: WORKBOOK

I. Les bons et les mauvais conseils. Que disent les bonne et mauvaise consciences dans les circonstances suivantes? Employez la forme **tu** et un pronom complément d'objet.

	La bonne conscience:	*La mauvaise conscience:*
❑ Attacher ou ne pas attacher ma ceinture de sécurité?	*Attache-la!*	*Ne l'attache pas!*
1. Dépasser ou ne pas dépasser la limite de vitesse?		
2. Faire ou ne pas faire le ménage?		
3. Manger ou ne pas manger tous les bonbons au chocolat?		
4. Acheter ou ne pas acheter ce nouveau jean?		
5. Fumer ou ne pas fumer ces cigarettes?		
6. Envoyer ou ne pas envoyer cette lettre à mes parents?		

J. Six victoires: un record! Regardez le classement final du *Tour de France* cycliste de l'année 2004 à la page suivante et écrivez des phrases d'après l'exemple.

❑ (#1)   *Lance Armstrong, un Américain, est premier.* _____

1. (#2)   _____

2. (#4)   _____

3. (#5)   _____

4. (#9)   _____

5. (#10) _____

6. (#11) _____

7. (#12) _____

8. (#17) _____

9. (#21) _____

10. (#51) _____

CLASSEMENT GENERAL

Pos.	Nom	Nat.	Eq.	Temps
1	ARMSTRONG Lance	USA	USP	en 83h 36' 02"
2	KLÖDEN Andréas	GER	TMO	à 06' 19"
3	BASSO Ivan	ITA	CSC	à 06' 40"
4	ULLRICH Jan	GER	TMO	à 08' 50"
5	AZEVEDO José	POR	USP	à 14' 30"
6	MANCEBO Francisco	ESP	IBB	à 18' 01"
7	TOTSCHNIG Georg	AUT	GST	à 18' 27"
8	SASTRE Carlos	ESP	CSC	à 19' 51"
9	LEIPHEIMER Levi	USA	RAB	à 20' 12"
10	PEREIRO SIO Oscar	ESP	PHO	à 22' 54"
11	CAUCCHIOLI Pietro	ITA	ALB	à 24' 21"
12	MOREAU Christophe	FRA	C.A	à 24' 36"
13	KARPETS Vladimir	RUS	IBB	à 25' 11"
14	RASMUSSEN Mickael	DEN	RAB	à 27' 16"
15	VIRENQUE Richard	FRA	QSD	à 28' 11"
16	CASAR Sandy	FRA	FDJ	à 28' 53"
17	SIMONI Gilberto	ITA	SAE	à 29' 00"
18	VOECKLER Thomas	FRA	BLB	à 31' 12"
19	RUBIERA José Luis	ESP	USP	à 32' 50"
20	GOUBERT Stephane	FRA	A2R	à 37' 11"
21	MERCKX Axel	BEL	LOT	à 39' 54"
22	ROGERS Michael	AUS	QSD	à 41' 39"
23	LANDIS Floyd	USA	USP	à 42' 55"
24	SEVILLA Oscar	ESP	PHO	à 45' 19"
25	GUERINI Giuseppe	ITA	TMO	à 47' 07"
26	CAMANO Iker	ESP	EUS	à 47' 14"
27	PINEAU Jérôme	FRA	BLB	à 47' 43"
28	GUTIERREZ José Enrique	ESP	PHO	à 50' 39"
29	BROCHARD Laurent	FRA	A2R	à 51' 35"
30	CHAVANEL Sylvain	FRA	BLB	à 54' 43"
31	GONZALEZ Santos	ESP	PHO	à 1h 01' 01"
32	SCARPONI Michele	ITA	DVE	à 1h 03' 01"
33	HINCAPIE George	USA	USP	à 1h 04' 09"
34	MONCOUTIE David	FRA	COF	à 1h 04' 37"
35	VOIGT Jens	GER	CSC	à 1h 07' 07"
36	BOTCHAROV Alexandre	RUS	C.A	à 1h 10' 54"
37	MERCADO Juan Miguel	ESP	QSD	à 1h 11' 31"
38	PETROV Evgeni	RUS	SAE	à 1h 12' 24"
39	HALGAND Patrice	FRA	C.A	à 1h 12' 24"
40	JULICH Bobby	USA	CSC	à 1h 12' 42"
41	MARTINEZ Egoi	ESP	EUS	à 1h 15' 10"
42	SABALIAUSKAS Marius	LTU	SAE	à 1h 15' 15"
43	VERBRUGGHE Rik	BEL	LOT	à 1h 16' 42"
44	GONZALEZ Galdeano Igor	ESP	LST	à 1h 16' 45"
45	GONZALEZ Aitor	ESP	FAS	à 1h 17' 23"
46	BELTRAN Manuel	ESP	USP	à 1h 26' 28"
47	ROBIN Jean-Cyril	FRA	FDJ	à 1h 32' 06"
48	NARDELLO Daniele	ITA	TMO	à 1h 35' 26"
49	PEREZ Santiago	ESP	PHO	à 1h 35' 54"
50	OSA Aitor	ESP	IBB	à 1h 38' 38"
51	GUTIERREZ José Ivan	ESP	IBB	à 1h 39' 16"
52	LANDALUZE Inigo	ESP	EUS	à 1h 39' 52"

K. Au bureau de renseignements. Vous travaillez au Louvre, à Paris. Regardez le plan et l'endroit où vous êtes et donnez les directions aux personnes suivantes.

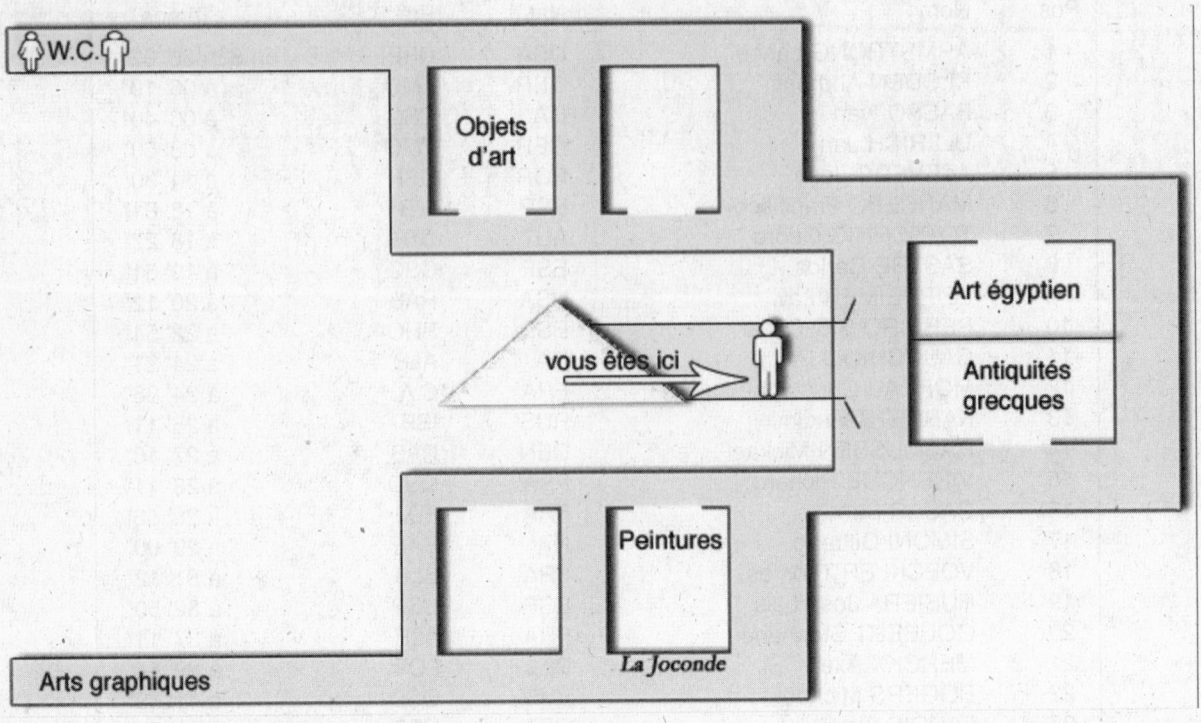

❑ Pardon, la salle des objets d'art, s'il vous plaît?

Très bien. Tournez à gauche et ensuite encore à gauche. Allez tout droit.

C'est la deuxième salle à droite.

1. Je voudrais voir «la Joconde».

_____

_____

_____

2. Excusez-moi, où dois-je aller pour voir l'art égyptien?

_____

_____

_____

3. Pardon, je voudrais trouver la salle des arts graphiques.

_____

_____

_____

4. Pardon, où sont les toilettes?

_____

_____

_____

L. Comment conduisent-ils? Écrivez de nouvelles phrases en utilisant au présent la forme convenable du verbe **conduire** et un adverbe. Suivez l'exemple.

❑   Maman est assez prudente.

   Elle conduit prudemment. _____

1. L'oncle Joseph est un peu fou.

   _____

2. Mes cousins sont vraiment lents.

   _____

3. D'habitude, nous sommes attentifs.

   _____

4. Les Français adorent la vitesse.

   _____

5. Quelquefois, moi, je suis un peu nerveux.

   _____

6. La tante Yvonne est calme.

   _____

7. Et vous? Comment conduisez-vous?

   _____

M. *Rédaction:* En voiture. Dans votre pays, la voiture est-elle importante? Écrivez sur ce sujet à Léopold. Passez-vous un temps considérable en voiture chaque jour? Décrivez «votre vie en voiture» pour votre correspondant. Avant d'écrire, révisez **Début de rédaction** à la page 289 de votre livre.

Première partie

Mais d'abord, répondez aux questions suivantes.

1. Aimez-vous conduire? Depuis quand conduisez-vous?

   _____

2. Quelle sorte de voiture conduisez-vous?

3. De quelle couleur est-elle? De quelle année? La conduisez-vous depuis longtemps?

_____

_____

4. Vos habitudes en voiture.

• Est-ce que vous écoutez la radio, des CD ou des cassettes quand vous conduisez?

_____

• Chantez-vous souvent quand vous conduisez?

_____

• Mangez-vous quelquefois en voiture?

_____

• Dans quelles circonstances préférez-vous conduire? En vacances? En ville?

_____

Deuxième partie

Maintenant, écrivez une lettre à Léopold où vous décrivez votre vie en voiture. Attention! Si vous ne conduisez pas, parlez d'une autre personne qui conduit.

_____

_____

_____

_____

_____

_____

_____

_____

_____

_____

_____

Chapitre 11 *Comme si c'était hier*

A. Le faire-part de mariage *(The wedding invitation).* Lisez le faire-part de mariage et ensuite cherchez dans la colonne de droite les expressions qui complètent les phrases de la colonne de gauche.

> *M. et Mme Jacques Debataille   M. et Mme Jean-Pierre Cocher*
> *sont heureux de vous faire part du mariage de leurs enfants*
> ## *Céline et Thierry*
> *La Messe de Mariage sera célébrée le samedi 22 juillet 2006*
> *à 16 heures, en l'Église Notre-Dame.*
> *À l'issue de la Cérémonie un Vin d'Honneur*
> *sera servi à la Salle des Fêtes de Pau.*

1. Monsieur et Madame Debataille et Monsieur et Madame Cocher sont heureux de faire part ... _____

2. La fille de Monsieur et Madame Debataille va ... _____

3. Madame Cocher va être ... _____

4. La cérémonie religieuse va avoir lieu ... _____

5. Céline va probablement porter ... _____

6. Et Thierry va peut-être porter ... _____

7. Après la cérémonie on va boire ... _____

a. un smoking.

b. la belle-mère de Céline.

c. une robe de mariée.

d. du vin.

e. épouser le fils des Cocher.

f. du mariage de leurs enfants.

g. le samedi 22 juillet à 4 heures de l'après-midi.

B. Souvenir d'un mariage. Complétez les phrases suivantes avec la forme convenable de l'imparfait des verbes indiqués.

1. *(être, aller)*   Mon frère _____ toujours sûr qu'il

   _____ épouser Céline.

2. *(écrire, être)*   Il _____ dans ses lettres que Céline

   _____ la plus belle fille du monde.

3. *(être, pleuvoir)*   C' _____ un peu triste le jour du mariage. Il

   _____ .

4. *(faire)*   C'est vrai, mais il _____ beau dans les cœurs

   (hearts) des jeunes mariés.

5. *(être)*   Thierry _____ nerveux ce jour-là.

6. *(avoir)*   Les parents de Céline _____ l'air très heureux.

7. *(regarder, penser)*   Ma mère _____ Céline et

                             _____ qu'elle était belle.

8. *(prendre, demander)*   Ma tante _____ des photos et elle nous

                             _____ de sourire *(smile)*.

9. *(être)*   Nous _____ jeunes, célibataires et innocents.

10. *(être, vouloir)*   Ah! qu'est-ce qu'on _____ innocents! On

                             _____ se marier à l'âge de quatorze ans.

C. Ah! c'était le bon vieux temps! *(Those were the good old days!)* Complétez la conversation suivante entre Julie et sa grand-mère et mettez les verbes proposés à l'imparfait.

JULIE: Mamie, quand tu *(être)* _____ jeune, est-ce que tu *(avoir)*

            _____ un chien ou un chat?

LA GRAND-MÈRE: Nous *(avoir)* _____ un petit chien. Il *(s'appeler)*

            _____ Napoléon. Mais moi, je l'*(appeler)*

            _____ Napo.

JULIE: Vous *(habiter)* _____ dans une grande maison?

LA GRAND-MÈRE: Oui, notre maison *(être)* _____ très grande. Nous *(habiter)*

            _____ à 50 kilomètres de Lyon.

JULIE: Est-ce que tu *(aller)* _____ à l'école?

LA GRAND-MÈRE: Ah oui! Tous les jours. On *(avoir)* _____ des cours même *[even]*

            le samedi après-midi.

JULIE: Qu'est-ce que tu *(faire)* _____ après l'école?

LA GRAND-MÈRE: Je *(rentrer)* _____ à pied à quatre heures et demie; et puis je

            (travailler) _____ aux champs *[fields]* jusqu'au soir.

JULIE: Les enfants ne *(faire)* _____ pas leurs devoirs à la maison?

LA GRAND-MÈRE: Si, le soir. Par exemple, moi j'*(écrire)* _____ mes devoirs après

            le dîner.

JULIE: Alors, tu ne *(regarder)* _____ pas la télé?

LA GRAND-MÈRE: Écoute! Il n'y *(avoir)* _____ pas de télé à cette époque-là.

On *(discuter)* _____ à table de notre journée, on *(lire)*

_____ beaucoup et on *(écrire)* _____

souvent des lettres et même des poèmes à des amis. Ah! c'*(être)*

_____ le bon vieux temps!

D. On dit ... *(Rumor has it . . .)* Vous rencontrez un(e) ami(e) que vous n'avez pas vu(e) depuis longtemps. Il/Elle a entendu dire que votre situation était bien meilleure qu'elle ne l'est réellement. Corrigez ses impressions en utilisant **ne ... que** et l'expression indiquée.

❑ —On dit que tu conduis une BMW! (je / conduire / une Ford Escort)

—Non, *je ne conduis qu'une Ford Escort.* _____

1. —On dit que tu es marié(e)! (je / être / fiancé[e])

—Non, _____

2. —On dit que tu habites dans une grande maison! (je / avoir / un petit appartement)

—Non, _____

3. —On dit que tu es devenu(e) professeur! (je / être / assistant[e])

—Non, _____

4. —On dit que tes parents ont fait le tour du monde! (ils / voyager / en Europe)

—Non, _____

5. —On dit que ta sœur a épousé un millionnaire! (elle / épouser / un homme ordinaire)

—Non, _____

6. —On dit que tu as visité les États-Unis! (je / visiter / l'Angleterre)

—Non, _____

E. Des tranches de vie. Utilisez **quand** pour faire une seule phrase. Attention à l'usage de l'imparfait et du passé composé.

❑ Marion / dormir // ses parents / téléphoner

Marion dormait quand ses parents ont téléphoné.

1. tu / regarder les informations // Sandrine / décider de faire du yoga devant la télévision

_____

2. Jérôme / regarder *Oprah* // quelqu'un / frapper à la porte

_____

3. mes trois camarades de chambre / faire leurs devoirs // Didier / venir me chercher

   _____

4. il / pleuvoir // nous / sortir

   _____

5. il / faire très froid // nous / arriver en ville

   _____

6. je / faire du vélo // je / rencontrer Georges

   _____

7. est-ce que vous / connaître déjà Georges // vous / arriver au campus?

   _____

8. mon frère / visiter Québec // il / trouver «la femme de sa vie»

   _____

9. Gaby, Jeanne et moi, nous / voyager en Europe // la princesse Diana / avoir son accident

   _____

10. les étudiants / ne ... pas pouvoir / prononcer un mot de français // ils / commencer le cours

    _____

F. Quelques étapes de la vie. Donnez l'âge, la période, la date ou les circonstances de la première fois que vous avez fait les activités suivantes.

❑ commencer à faire du vélo

   J'ai commencé à faire du vélo quand j'avais sept ans.

1. apprendre à nager

   _____

2. sortir avec un garçon (une fille)

   _____

3. avoir mon permis de conduire

   _____

4. commencer à boire du café

   _____

5. envoyer un message électronique

_____

6. prendre l'avion

_____

7. utiliser un portable

_____

8. décider d'étudier le français

_____

G. Qu'en pensez-vous ... ? Utilisez **bon** ou **bien, meilleur** ou **mieux** pour comparer les personnes ou les choses suivantes. N'oubliez pas l'accord des adjectifs.

❑ le groupe Green Day / U2 / chanter

Le groupe Green Day chante bien, mais U2 chante mieux.

❑ Wendy's / McDo / avoir / hamburgers

Wendy's a de bons hamburgers, mais McDo a de meilleurs hamburgers.

1. le Coca-Cola / le Pepsi / être

_____

2. Shaquille O'Neal / Michael Jordan / être / bon / joueur de basket

_____

3. le fromage de France / le fromage du Wisconsin / être

_____

4. Steinbeck / Hemingway / être / écrivain

_____

5. je / meilleur(e) ami(e) / faire la cuisine

_____

6. Britney Spears / Whitney Houston / chanter

_____

7. les Américains / les Allemands / jouer au tennis

_____

8. les vins de Californie / les vins de France / être

_____

H. Complexe d'infériorité. Le pauvre Alain pense qu'il est moins bien que tous ses amis. Réécrivez les phrases suivantes pour exprimer ses opinions, d'après les expressions données.

❑ Je suis gros. (+ / Hélène)

    Je suis plus gros qu'Hélène.

❑ Je parle bien l'anglais. (= / Hervé)

    Je parle aussi bien l'anglais qu'Hervé.

❑ J'ai de l'argent. (– / argent / Jules)

    J'ai moins d'argent que Jules.

❑ Stéphanie a des livres. (+ / livres / moi)

    Stéphanie a plus de livres que moi.

1. Marc est élégant. (+ / moi)

_____

2. Je conduis bien. (– / Véronique)

_____

3. Thérèse a de bonnes notes. (+ / bonnes notes / moi)

_____

4. Je ne suis pas aimable. (= / Thierry)

_____

5. Éric conduit prudemment. (+ / moi)

_____

6. Christiane a des vacances. (+ / vacances / moi)

_____

7. Je travaille vite. (– / Jean)

_____

8. J'ai des qualités. (= / qualités / Viviane)

_____

9. Je ne suis pas intéressant(e). (= / mes amis)

_____

10. Tiphaine a des soucis. (– / soucis / moi)

_____

3G

I. Le plus ... Une Française et un Américain parlent de leur pays. Construisez leurs phrases. Faites des phrases au superlatif en suivant les exemples. Attention à la place des adjectifs dans la phrase!

❑ Le Pont-Neuf est un <u>vieux</u> pont de Paris.

    Le Pont-Neuf est le plus vieux pont de Paris.

❑ New York est une ville <u>courageuse</u> des États-Unis.

    New York est la ville la plus courageuse des États-Unis.

1. La Nouvelle-Orléans est une <u>belle</u> ville des États-Unis.

    _____

2. La statue de la Liberté est un monument <u>caractéristique</u> de New York.

    _____

3. Le Concorde était un avion <u>rapide</u>.

    _____

4. Le Louvre est un musée <u>connu</u> de Paris.

    _____

5. Le Golden Gate Bridge est un pont <u>important</u> de San Francisco.

    _____

6. Le TGV est un train <u>rapide</u>.

    _____

7. La tour Eiffel est une <u>belle</u> tour parisienne.

    _____

8. La tour de Sears est un <u>grand</u> bâtiment de Chicago.

    _____

3G

J. Beaucoup de questions. Votre ami Léopold voudrait savoir vos opinions. Répondez-lui! Posez les questions de Léopold en suivant le modèle, puis répondez avec vos propres réponses. (**Attention!** «?» = forme correcte de *quel*)

❑   ? / + / bon / restaurant du monde?

LÉOPOLD: *Quel est le meilleur restaurant du monde?*

VOUS: *Le meilleur restaurant du monde est sans doute Maxim's à Paris.*

❑   ? / glace / tu / aimer manger / + / souvent?

LÉOPOLD: *Quelle glace aimes-tu manger le plus souvent?*

VOUS: *J'aime manger la glace au chocolat le plus souvent.*

1.   ? / + / beau / film de l'année?

LÉOPOLD: _____

VOUS: _____

2.   ? / livre / tu / lire *(passé composé)* / + / rapidement?

LÉOPOLD: _____

VOUS: _____

3.   À / ? / cours / tu / aimer aller / – ?

LÉOPOLD: _____

VOUS: _____

4.   ? / journal / + / prestigieux / des États-Unis?

LÉOPOLD: _____

VOUS: _____

5.   ? / groupe de rock / tu / aimer / + ?

LÉOPOLD: _____

VOUS: _____

6.   ? / étudiant de la classe / chanter / + ?

LÉOPOLD: _____

VOUS: _____

7. ? / professeur / – / patient / de ton université?

LÉOPOLD: _____

VOUS: _____

8. Dans ta famille / qui / faire / + / la cuisine?

LÉOPOLD: _____

VOUS: _____

K. *Rédaction:* **Une boum horrible.** Imaginez que vous êtes allé(e) à une boum et que vous avez passé une soirée ennuyeuse. Écrivez un message électronique à un(e) ancien(ne) camarade de classe et décrivez la soirée. Avant d'écrire votre message, révisez **Début de rédaction** à la page 312 de votre livre.

• Répondez à ces questions.

1. Où êtes-vous allé(e)?

    _____

2. Quand? Avec qui? Comment? (en voiture? à vélo? à pied?)

    _____

3. Combien de temps a duré la soirée?

    _____

4. Qui était présent?

    _____

5. Qui est la personne qui a organisé la boum?

    _____

6. Pourquoi est-ce que cette personne vous a invité(e)?

    _____

7. Pourquoi est-ce que la soirée était ennuyeuse?

    _____

• À l'aide des réponses que vous avez écrites, écrivez votre message à votre camarade de classe.

    _____

    _____

    _____

ENTRE AMIS: **Student Activities Manual**

Chapitre 12 *Les réservations*

 A. Au téléphone. Vous êtes le/la propriétaire d'un restaurant qui est fermé le lundi. Un client téléphone pour réserver une table. Qu'allez-vous répondre au client?

❑ Le client veut réserver une table pour lundi.

 Je regrette, Monsieur, mais nous sommes fermés le lundi.
 _____

1. Le client demande si le restaurant est ouvert le mardi.

 _____

2. Le client demande s'il peut réserver une table pour mardi.

 _____

3. Vous ne comprenez pas le nom du client.

 _____

4. Le client veut venir à 17 heures, mais le restaurant n'ouvre qu'à 19 heures.

 _____

5. Vous voulez savoir combien de personnes vont venir avec le client.

 _____

6. Vous confirmez la réservation pour quatre personnes, mardi, à 21 heures.

 _____

7. Le client vous remercie.

 _____

 **B. Au bureau de tourisme.** Imaginez les questions d'après les réponses.

❑ — *Pardon, je peux vous demander des renseignements?*
 _____

 —Certainement. Allez-y.

 _____

 —Les toilettes pour dames sont dans le couloir, tout droit devant vous.

 _____

 —Les banques ferment à 18 heures.

—_____

—Le bureau de poste est ouvert entre midi et 2 heures.

—_____

—Ah oui, le restaurant *Le Bec Fin* est excellent.

—_____

—Pas loin. Tournez à gauche, là-bas, juste après la boulangerie.

—_____

—Pour les réservations de train, il faut aller à la gare.

—_____

—Vous cherchez Hertz. Tous les bureaux de location (*rental*) de voitures sont à la gare ou à l'aéroport.

—_____

—Je suis là pour ça.

C. Un amour. Complétez les phrases avec les formes de **savoir** et de **connaître** qui conviennent.

❑ Je ne _____*sais*_____ pas si tu _____*connais*_____ mon amie?

1. ALAIN: Tu _____, j'adore la jeune fille que nous avons rencontrée tout à

   l'heure. Tu la _____?

2. ÉTIENNE: Je ne _____ pas très bien cette jeune fille. Mais, je

   _____ qu'elle est belle, intelligente et très charmante.

3. ALAIN: Cédrine _____ tout le monde; elle doit _____ si cette

   jeune fille a un petit ami.

4. ÉTIENNE: Allons poser des questions à Cédrine. Je _____ qu'elle est au café en

   ce moment.

5. ALAIN: Mais nous ne _____ pas si Cédrine va vouloir nous donner des

   informations.

6. ÉTIENNE: Écoute, on ne va pas le _____ si on ne demande pas. En plus, je

   _____ bien Cédrine; elle ne peut pas résister.

7.   ALAIN: Cédrine, _____-tu que tu es très gentille?

8.   CÉDRINE: Vous, je vous _____! Je _____ que vous allez me

           demander un service.

9.   ÉTIENNE: Comment le _____-tu?

10.   CÉDRINE: Je _____ bien les garçons!

D. Au bureau de renseignements. Posez une question en utilisant le verbe **savoir** et un des mots interrogatifs. Ensuite, imaginez une réponse.

❑   le kiosque / où

   — *Vous savez où se trouve le kiosque?*

   — *Oui, juste devant la gare.*

1. toilettes / où

   — _____

   — _____

2. le train va partir / quand

   — _____

   — _____

3. coûter / un billet pour Nice / combien

   — _____

   — _____

4. les taxis / où

   — _____

   — _____

5. acheter des cigarettes / où

   — _____

   — _____

6. composter le billet / où

   — _____

   — _____

E. À la réception. Madame Laurence est curieuse. Elle demande beaucoup de renseignements à la réceptionniste de son hôtel. Imaginez les questions qu'elle pose.

1. —_____

—Non, nous n'avons pas de chambres au rez-de-chaussée.

2. —_____

—Le petit déjeuner est servi de 7 heures 30 à 9 heures 30.

3. —_____

—Au salon.

4. —_____

—Prenez ce couloir et vous allez voir le salon.

5. —_____

—D'habitude, nous sommes ouverts jusqu'à minuit.

6. —_____

—Oui, il y a une pharmacie juste à côté. Elle est ouverte jusqu'à 20 heures.

7. —_____

—Oui, nous vendons des cartes postales. Les voilà.

8. —_____

—Non, je regrette. Il faut aller au bureau de tabac pour acheter des timbres.

F. Des comparaisons. Écrivez des phrases d'après l'exemple. Attention au temps des verbes!

❑ Je choisis généralement une chambre avec salle de bain. Et toi? *(douche)*

Moi, je choisis généralement une chambre avec douche.

1. Mes amis choisissent souvent des films d'action. Et vous? *(des films comiques)*

_____

2. Laurent choisit de prendre son petit déjeuner dans sa chambre. Et toi? *(au café)*

_____

3. Mon cousin Jean-Paul obéit rarement à ses professeurs. Et Karine et Gisèle? *(toujours)*

_____

4. Il y a cinq ans, les étudiants finissaient les cours au mois de juin. Et maintenant? *(mai)*

   _____

5. J'ai maigri un peu, non? Et toi? *(pas du tout)*

   _____

6. Nous faisons du jogging trois fois par semaine, mais nous ne maigrissons pas. Et les Clavel? *(c'est le contraire)*

   _____

G. Tout le monde et toutes les choses. Complétez les phrases avec la forme appropriée de d'adjectif **tout** (**tout, tous, toute** ou **toutes**).

❑   _Tout_____ le monde doit parler français en classe.

1. Le professeur a demandé à _____ la classe de faire attention.

2. _____ les étudiants vont au cinéma.

3. _____ les filles vont préparer leur dissertation à la bibliothèque ce soir.

4. Samedi, _____ les garçons vont faire un match de foot.

5. Éric, _____ tes amis vont voyager l'été prochain.

6. Quand elles voyagent aux Antilles, Anne et Florence refusent _____ les deux de parler anglais.

7. Anne aime goûter _____ les plats typiques du pays.

8. Mais Florence préfère commander le même plat _____ les jours.

H. Au guichet *(ticket window)* **de la gare.** Complétez le dialogue entre un employé et un voyageur qui veut acheter un billet de train.

EMPLOYÉ: Où est-ce que vous allez, Monsieur?

VOYAGEUR: _____

EMPLOYÉ: Quel jour partez-vous?

VOYAGEUR: _____

EMPLOYÉ: À quelle heure voulez-vous partir?

VOYAGEUR: _____

EMPLOYÉ: Il y a un supplément à payer si vous préférez le TGV.

VOYAGEUR: _____

EMPLOYÉ: Et en quelle classe?

VOYAGEUR: _____

EMPLOYÉ: Fumeur ou non fumeur?

VOYAGEUR: _____

EMPLOYÉ: Très bien. Une place en seconde, non fumeur, dans le TGV 750 pour Paris. Cela fait 40 €.

VOYAGEUR: _____

EMPLOYÉ: Oui, on accepte la carte Visa.

VOYAGEUR: _____

EMPLOYÉ: Je vous en prie.

VOYAGEUR: _____

I. Quelles vacances! Un groupe d'amis décide d'aller en vacances ensemble. Écrivez leurs projets au futur.

❏ Nous (manger) _____*mangerons*_____ un steak-frites tous les jours.

1. Nous ne (travailler) _____ pas beaucoup.

2. Tout le monde (prendre) _____ part au travail.

3. Je (préparer) _____ de bons repas.

4. Anne et Sylvain (monter) _____ les tentes.

5. Toi, Jules, tu (écrire) _____ au professeur de français.

6. Alain et Karim (conduire) _____ prudemment.

7. Henri (lire) _____ la carte routière [road map].

8. Le chauffeur (suivre) _____ ses indications.

9. On (s'arrêter) _____ quand on sera fatigués.

10. Nous (se coucher) _____ très tard le soir.

J. Le premier jour en vacances. Complétez les phrases suivantes avec le futur des verbes donnés.

❑ Nous *(arriver)* __arriverons__ à l'aéroport de Fort de France.

1. Claudine *(aller)* _____ tout de suite à la plage.

2. Myriam et Delphine *(venir)* _____ avec moi.

3. Nous *(prendre)* _____ l'autobus pour aller en ville.

4. Claire et Lisette *(faire)* _____ des achats dans les magasins.

5. Lionel *(pouvoir)* _____ enfin manger un croque-monsieur.

6. Roger *(avoir)* _____ sommeil et *(dormir)* _____ dans sa chambre.

7. Le soir, nous *(manger)* _____ au restaurant.

8. Nous *(avoir)* _____ mal aux pieds et nous *(être)* _____ fatigués.

9. Alors, tout le monde *(être)* _____ heureux de rentrer à l'hôtel.

10. Le matin suivant, nous *(vouloir)* _____ dormir tard.

K. Qu'est-ce qu'on fera? Complétez les phrases suivantes par les expressions suivantes. Faites attention au temps des verbes.

acheter deux billets de seconde   *avoir besoin de quelque chose*
avoir le temps   *avoir très soif*
être trop fatigué(e)(s) pour étudier   *finir ces cours avec de bonnes notes*
je / vous donner des bonbons   *partir*
porter un imperméable pour sortir

1. Si _____, j'irai voir mes parents.

2. S'il pleut ce soir, vous _____.

3. Si nous décidons de faire le voyage en train, _____.

4. _____ si vous êtes gentils.

5. Nous aurons nos diplômes si _____.

6. Si Paule et Gabrielle travaillent 50 heures par semaine, _____

   _____.

7. Quand _____, tu boiras beaucoup de jus d'orange.

8. Quand _____, ils téléphoneront au 04.45.12.46.32.

9. Elle donnera la clé à la réceptionniste quand _____.

L. *Rédaction*

1. **Réservation de chambre par lettre.** Vous irez à Dakar pour y passer un séjour de trois jours. Écrivez à l'hôtel *Le Pavillon* pour réserver une chambre qui vous convient. Avant d'écrire, révisez **Début de rédaction,** page 341 de votre livre.

_____

_____

_____

_____

_____

_____

_____

_____

_____

2. **Réservation par téléphone d'une table (au restaurant).** Vous êtes maintenant arrivé(e) à Dakar. Vous avez invité quelqu'un à dîner au restaurant *Chez Jean*. Vous téléphonez pour réserver une table. Écrivez un dialogue où vous demandez à la réceptionniste du restaurant les renseignements nécessaires. Avant d'écrire, révisez **Début de rédaction,** page 341.

_____

_____

_____

_____

_____

_____

_____

_____

_____

_____

Chapitre 13 *Ma journée*

 A. Qu'est-ce qu'on dit? Choisissez l'expression qui veut dire à peu près la même chose.

1. Lori ne va pas tarder.

   _____ a. Elle va bientôt arriver.

   _____ b. Elle va être en retard.

   _____ c. Elle va arriver en avance.

2. Le maître d'hôtel vérifie la liste.

   _____ a. Il demande à voir la carte d'identité.

   _____ b. Il présente le menu.

   _____ c. Il contrôle la réservation.

3. Nous venons d'arriver.

   _____ a. Nous sommes arrivés depuis des heures.

   _____ b. Nous sommes arrivés il y a quelques minutes.

   _____ c. Nous allons être en retard.

4. Vous voulez vous asseoir?

   _____ a. Ne vous inquiétez pas.

   _____ b. Vous voulez prendre cette table?

   _____ c. Quel plaisir de vous voir.

5. Par ici, s'il vous plaît.

   _____ a. Venez avec moi, s'il vous plaît.

   _____ b. Très bien, un instant, s'il vous plaît.

   _____ c. Ne tardez pas, s'il vous plaît.

6. Goûtez le vin.

   _____ a. Vous voulez du vin?

   _____ b. Buvez un peu de vin.

   _____ c. Il faut aimer le vin.

B. Les bonnes manières. Complétez les phrases en utilisant le verbe **mettre**.

❑ En France on ___*met*___ les mains sur la table.

1. En France, on _____ les morceaux de pain sur la nappe à côté de l'assiette.

2. Et chez vous? Est-ce que vous _____ la serviette sur les genoux?

3. Oui, nous _____ la serviette sur les genoux.

4. Les Français _____ souvent le verre et la cuiller devant chaque assiette.

5. Madame La Fontaine _____ toujours quatre verres et deux cuillers devant chaque assiette.

6. Merci, je ne _____ plus de sucre dans mon café.

7. Mais ton frère _____ beaucoup de temps à trouver un travail.

C. La table française et la table de chez nous. À partir des illustrations suivantes, écrivez cinq phrases qui comparent les manières françaises aux manières de chez nous.

❑ _En France, on met les morceaux de pain sur la nappe, mais chez nous, on met les_
  morceaux de pain sur une petite assiette.

1. En France, on _____

   mais chez nous, on _____

2. _____

   _____

3. _____

   _____

4. _____

_____

5. _____

_____

D. À vous. Répondez aux questions suivantes avec des phrases complètes.

1. Quel est votre repas préféré?

_____

2. À quelle heure prenez-vous ce repas?

_____

3. Êtes-vous végétarien(ne)?

_____

4. Est-ce que vous mettez du beurre sur les spaghetti?

_____

5. Est-ce que vous mettez du ketchup sur les frites?

_____

6. Qu'est-ce que vous mettez dans la salade?

_____

7. Qu'est-ce que vous mettez dans votre thé ou dans votre café?

_____

8. Où mettez-vous les mains pendant un repas si vous êtes invité(e) chez des Français?

_____

9. Qui met la table chez vous?

_____

10. Est-ce que vous permettez aux invités de fumer chez vous après le repas?

_____

E. Des antagonistes. Marie et Antoine sont des parents qui se contredisent *(contradict each other).* Chaque fois que leurs enfants demandent à faire quelque chose, les deux parents donnent des ordres contradictoires. Écrivez les réponses des parents d'après les exemples.

❑ Je me lève?

MARIE: *Lève-toi!*

ANTOINE: *Ne te lève pas!*

❑ Je regarde la télé?

MARIE: *Regarde-la!*

ANTOINE: *Ne la regarde pas!*

1. Je m'habille?

MARIE: _____

ANTOINE: _____

2. Je fais la vaisselle?

MARIE: _____

ANTOINE: _____

3. Je me dépêche?

MARIE: _____

ANTOINE: _____

4. Nous nous mettons à table?

MARIE: _____

ANTOINE: _____

5. Nous prenons des céréales?

MARIE: _____

ANTOINE: _____

6. Je mets mon imperméable?

MARIE: _____

ANTOINE: _____

F. Quand est-ce qu'on ... ? Formez des phrases d'après l'exemple.

❑ Soumia / se réveiller / 7 h 15

   Soumia se réveille à 7 h 15. _____

1. elle / se lever / 7 h 30

    _____

2. vous / se lever / à quelle heure?

    _____

3. je / se brosser les dents / 8 h

    _____

4. ma camarade de chambre / s'habiller / 8 h

    _____

5. Aline et Sophie / se brosser les cheveux / dans leur chambre

    _____

6. moi / se souvenir de / elles

    _____

7. nous / se promener / plus souvent que vous

    _____

8. Monsieur Barthes / se promener / dans le parc / tous les soirs

    _____

9. mes voisins / s'appeler / Christophe et Daniel

    _____

10. ils / se coucher / généralement à 11 h

    _____

G. Une journée dans la vie de Véronique. Regardez les illustrations suivantes et décrivez ce que fait Véronique. Utilisez des verbes pronominaux de la liste suivante.

s'amuser   se coucher   se lever
s'asseoir   se doucher   se promener avec
se brosser les cheveux   s'endormir   se réveiller
se brosser les dents   se laver

1. _____

2. _____

3. _____

1. _____

2. _____

3. _____

4. _____

5. _____

6. _____

4. _____

5. _____

6. _____

H. Quelles sont vos habitudes? Répondez.

1. À quelle heure vous levez-vous d'habitude?

   _____

2. À quelle heure vous couchez-vous d'habitude?

   _____

3. Combien de fois par jour vous brossez-vous les dents?

   _____

4. Est-ce que vous vous habillez avant ou après le petit déjeuner?

   _____

5. Vous reposez-vous pendant la journée? Si oui, quand?

   _____

6. Est-ce que vous vous inquiétez avant un éxamen?

   _____

7. Qu'est-ce que vous faites pour vous reposer après un grand examen?

   _____

8. Vous vous amusez bien le week-end?

   _____

I. Souvenirs d'enfance. Lucien se rappelle ses années passées au lycée. Il écrit dans son journal les quelques souvenirs qu'il a encore de cette époque. Complétez les phrases avec la forme correcte du verbe pronominal entre parenthèses à l'imparfait.

❑ Quand j'allais au lycée, mes parents *(s'inquiéter)* __*s'inquiétaient*__ beaucoup pour moi ...

Je n'étais pas grand, et je mangeais très peu. Mon frère et moi, nous *(se lever)*

_____ de bonne heure et nous *(se coucher)* _____ tard le

soir. Je ne *(se reposer)* _____ que rarement l'après-midi. Le matin, je *(se réveiller)*

_____ à 5 heures, je buvais vite un café et je ne *(s'asseoir)*

_____ pas une minute, et j'allais tout de suite à la salle de bain. Là, je *(se laver)*

_____ et je *(se brosser)* _____ les dents et les cheveux. De

retour dans ma chambre, je *(s'habiller)* _____ en vitesse et je *(se dépêcher)*

_____ de retourner à la cuisine. Je disais au revoir à ma mère, et c'est ainsi que

ma journée commençait ...

J. Les sœurs aînées (*Older sisters*). Ces sœurs vérifient toujours pour voir si leurs petits frères et leurs petites sœurs ont fait leurs tâches (*tasks*). Écrivez des mini-dialogues au passé composé d'après l'exemple.

❑ Marie-Laure / se lever à l'heure // oui

— *Marie-Laure, tu t'es levée à l'heure?*

— *Oui, je me suis levée à l'heure.*

1. Vous / se laver / ce matin // évidemment

   — _____

   — _____

2. Isabelle / se mettre à table // bien sûr

   — _____

   — _____

3. Yves / se brosser les dents // oui

   — _____

   — _____

4. Sylvie / prendre le petit déjeuner // non

   — _____

   — _____

5. Vous deux / ne ... pas se dépêcher // si

   — _____

   — _____

K. La volonté. Complétez les phrases avec le subjonctif des verbes indiqués.

❑ Mes parents préfèrent que je leur (*rendre*) __*rende*__ visite le week-end prochain.

1. Monsieur Leblanc souhaite que sa fille (*réussir*) _____ à ses examens cette fois-ci.

2. Il faut que je (*partir*) _____ à 8 heures.

3. Mon patron exige que nous (*faire*) _____ tout pour plaire [*please*] aux clients.

4. Veux-tu qu'elle (*venir*) _____?

5. Je voudrais qu'on (*aller*) _____ en France cet été.

6. J'aimerais que notre serveur *(être)* _____ plus poli.

7. Notre voisin ne veut pas que nous *(jouer)* _____ au foot devant sa maison.

8. Le professeur désire que tous les étudiants *(écouter)* _____ les cassettes au labo deux heures par semaine.

9. J'aimerais bien que vous *(téléphoner)* _____ à vos amis avant d'aller chez eux.

L. On veut faire autre chose. Ces personnes veulent faire certaines choses, mais leurs amis (ou leurs parents) veulent qu'ils fassent autre chose. Suivez l'exemple.

❑ Michel veut étudier. (ses amis / exiger / il / sortir avec eux)

    Mais ses amis exigent qu'il sorte avec eux.

1. Marie et moi, nous voulons écouter des disques. (Yves et Lionel / souhaiter / nous / jouer au tennis avec eux)

_____

2. Tu aimes regarder la télévision. (ton petit frère / vouloir / tu / lire un livre avec lui)

_____

3. Vous êtes occupé(e). (votre mère / demander / vous / faire les courses avant de rentrer)

_____

4. Marie-Dominique souhaite rester à la maison tout l'après-midi. (ses parents / avoir besoin / elle / conduire sa tante à la gare)

_____

5. Marie-Noëlle aime se coucher après le repas. (son père / exiger / elle / écrire une lettre à sa grand-mère)

_____

6. Ma camarade de chambre veut sortir à 9 h. (je / préférer / nous / sortir à 8 h)

_____

7. Mon ami ne veut pas mettre sa ceinture de sécurité. (je / souhaiter / il / mettre la ceinture dans ma voiture)

_____

8. Les étudiants veulent utiliser le dictionnaire pendant l'examen. (le professeur / préférer / ils / ne ... pas utiliser le dictionnaire)

_____

M. Des conseils. Les membres du Cercle Français à l'université doivent organiser une douzaine d'activités. Écrivez les conseils suivants en utilisant six des expressions suivantes et le subjonctif.

il est essentiel que	*il ne faut pas que*	*je voudrais que*
il est important que	*je préfère que*	*il vaut mieux que*
il faut que	*je veux que*	

❑ présenter une pièce de théâtre

_*Il est essentiel que nous présentions une pièce de théâtre.*_____

1. préparer un grand repas français

   _____

2. jouer au foot une fois par semaine

   _____

3. apprendre à danser la salsa

   _____

4. organiser une soirée dansante

   _____

5. vendre des tee-shirts avec des logos en français

   _____

6. aller à New York pour voir *Les Misérables*

   _____

N. L'avis d'un médecin *(A doctor's opinion).* Complétez avec la forme convenable du verbe indiqué.

1. Vous avez mal à la tête et vous avez de la fièvre? Alors j'*(exiger)* _____ que

   vous *(prendre)* _____ un cachet d'aspirine trois fois par jour, que vous

   (boire) _____ beaucoup de jus de fruits et que vous *(venir)*

   _____ me voir la semaine prochaine.

2. Tu as mal aux jambes, Éric? Alors je *(vouloir)* _____ que tu *(prendre)*

   _____ un bain chaud et que tu *(ne ... plus faire)* _____

   de foot cette semaine.

3. Monsieur Cattelat a mal à l'estomac? Depuis un jour? Madame, il *(être urgent)*

_____ qu'il *(venir)* _____ me voir à l'hôpital, sans

délai.

4. Non, Madame, ce n'est pas du tout une bonne idée de rendre visite à votre cousine. Je *(préférer)*

_____ que vous *(être)* _____ patiente et que vous *(se*

reposer) _____ chez vous.

5. Il faut que vous *(faire)* _____ des sacrifices pour maigrir. Il faut surtout que

vous *(vouloir)* _____ vraiment maigrir et que vous ne *(manger)*

_____ rien après 8 heures du soir. Il est important que vous *(avoir)*

_____ beaucoup de volonté.

6. Dans votre état, j'*(exiger)* _____ que vous *(ne ... pas toucher)*

_____ à l'alcool et au tabac. Et je *(souhaiter)* _____

que vous *(prendre)* _____ ces médicaments, que vous *(manger)*

_____ assez de légumes et que vous *(faire)* _____ du

sport modérément.

 O. *Rédaction.* **Samira vous interroge.** Votre amie Samira, qui habite au Maroc, est étudiante en journalisme. Elle va faire un article sur le stress dans la vie des étudiants. Elle veut que vous décriviez votre semaine et que vous parliez des choses qu'il faut faire. Avant d'écrire, révisez **Début de rédaction,** page 371.

• D'abord, indiquez au moins 7 choses qu'il faut faire et expliquez pourquoi.

Activités	*Explications*
❏ *Lundi, il faut que je me lève tôt.*	*Il faut aller aux cours.*
1.	
2.	
3.	
4.	
5.	
6.	
7.	

- Maintenant écrivez votre lettre à Samira. Utilisez les conventions d'usage (*usual greetings*) pour écrire une lettre (lieu, date, etc.). Pour aider votre lectrice, n'oubliez pas d'utiliser des mots comme **d'abord, ensuite, alors, enfin ...**

_____

_____

_____

_____

_____

_____

_____

_____

_____

_____

_____

_____

Chapitre **14** *Quelle histoire!*

  A. Quelle histoire! Complétez les phrases suivantes au présent d'après les illustrations.

1. Ils _____.   2. Ils _____.   3. Il achète _____.

4. Ils _____.   5. Ils _____.

  B. Antonymes. Écrivez des expressions qui veulent dire à peu près le contraire des expressions données.

❑   se marier   *divorcer* _____

1.   se disputer   _____

2.   se séparer   _____

3.   mariés   _____

4.   C'est passionnant!   _____

5.   épouser   _____

6.   triste   _____

C. «Nos chers enfants». Complétez ce dialogue avec le verbe **dire.** Attention au choix des temps!

1. —_____-moi, qu'est-ce qui est arrivé?

2. —Jérôme _____ à Samira qu'il l'aimait et qu'il allait l'épouser.

3. Il lui _____ hier soir que sa femme et lui avaient l'intention de divorcer.

4. —Sans blague! Moi, je déteste cet imbécile. Il _____ à toutes les femmes qu'il les aime.

5. Tu verras, demain il _____ la même chose à Ghislaine.

6. Hier, je t'_____ que les hommes _____ n'importe quoi *(anything).*

D. À vous. Répondez d'après l'exemple.

❏ Que dites-vous généralement si vous entendez dire qu'une de vos amies va se marier?

Je dis généralement: «Ah! ça devient sérieux!» ou *Je dis généralement: «Sans blague?»*

1. Que dites-vous si votre camarade de chambre vous réveille à 5 heures du matin?

   _____

2. Que dites-vous à quelqu'un que vous aimez?

   _____

3. Que disiez-vous souvent à vos professeurs de lycée quand vous ne rendiez pas vos devoirs?

   _____

4. Et que disaient vos professeurs si vous ne rendiez pas vos devoirs?

   _____

5. Que diront vos parents si vous décidez de ne pas passer les vacances chez eux?

   _____

6. Qu'est-ce qu'on dit en français si on veut refuser poliment de boire quelque chose?

   _____

7. Que dites-vous si quelqu'un vous dit que vous parlez bien le français?

   _____

E. Qu'est-ce qu'on leur donne? Créez des phrases d'après l'exemple. Utilisez **lui** ou **leur** dans chaque phrase.

des chèques	des fleurs	la voiture
des examens	une bague de fiançailles	deux euros
le permis de conduire	des devoirs	

❑ (l'employé d'une banque)   On __*lui*__ donne __*des chèques.*__

1. (les étudiants)   On _____ donne _____

2. (la fiancée)   On _____ donne _____

3. (les professeurs)   On _____ donne _____

4. (le garagiste)   On _____ donne _____

5. (l'agent de police)   On _____ donne _____

6. (le vendeur de journaux)   On _____ donne _____

7. (une amie qui est à l'hôpital)   On _____ donne _____

F. Dis-moi, qu'est-ce que je fais maintenant? François donne des conseils à son camarade de chambre. Écrivez les phrases de François à l'impératif et remplacez le complément d'objet indirect en italique par un pronom.

❑ J'écris la lettre *à Joëlle*?

__*Oui, écris-lui la lettre!*__ ou __*Non, ne lui écris pas la lettre!*__

1. Je dis la vérité *à ma mère*?

Oui, _____

2. J'explique la situation *à l'ancien ami de Joëlle*?

Non, _____

3. Nous racontons tout *aux parents de Joëlle*?

Oui, _____

4. Nous rendons visite *à mes grands-parents*?

Oui, _____

5. Nous téléphonons *au professeur*?

Oui, _____

6. Je donne la bague de fiançailles *à Joëlle* ce week-end?

Non, _____

7. Et je dis *à Joëlle* qu'il faut attendre jusqu'à Noël pour le mariage?

Oui, _____

G. Des obligations. Quand la mère de Patrick et Étienne leur fait des recommandations, ils sont d'accord. Écrivez leurs réponses d'après l'exemple. Utilisez le verbe **aller** et remplacez les expressions en italique par un pronom d'objet direct ou indirect.

❑ Il faut que vous écriviez *à vos grands-parents.*

    D'accord, nous allons leur écrire.

1. Il ne faut pas que vous oubliiez de téléphoner *à vos cousines.*

    _____

2. Patrick, il faut que tu écrives *à ton oncle Antoine.*

    _____

3. Étienne, ce week-end, il faut que tu parles *à tes cousines* de ton université.

    _____

4. Et Étienne, quand tu vas chercher tante Odile, il faut absolument que tu prennes *la Renault.*

    _____

5. Et il ne faut pas que tu conduises *la voiture* comme un fou.

    _____

6. Patrick, il faut que tu montres les photos de ton voyage à Lille *à Odile.*

    _____

7. Ne regardez pas *la télé* pendant le dîner.

    _____

8. Et quand Odile jouera du piano, il faudra que vous écoutiez *les morceaux* patiemment.

    _____

H. Une amie sensationnelle. Complétez le paragraphe suivant avec des pronoms objets directs ou indirects.

Mira est une amie formidable! Je _____ connais depuis longtemps. Elle et moi, nous nous

entendons très bien et nous avons les mêmes goûts. Je _____ emprunte ses CD et je _____

prête mes cassettes. Je _____ parle toujours de mes problèmes. Je _____ demande ce

qu'elle pense de mes projets et elle _____ donne des conseils. Quand elle rentre d'un rendez-

vous, par exemple, elle _____ raconte tout ce qui est arrivé. Moi aussi, quand je sors avec

quelqu'un, je _____ dis tout.

Ses parents sont très gentils. Ils aiment beaucoup les étudiants étrangers et ils _____

demandent souvent de _____ rendre visite. Au fait, je viens de _____ téléphoner pour

_____ dire que j'irai _____ voir samedi. Ils habitent dans une grande maison près de Fez.

Tiens, Denise, si tu veux venir avec moi, je suis sûre qu'ils seront heureux de _____ inviter. On

passera un week-end super!

I. Tu crois? On parle de l'émission *Survivor*. Complétez avec la forme convenable de **croire** et de **voir**. Utilisez le présent, le futur, le passé composé ou l'infinitif.

❏ Je __*crois*_____ *(croire)* qu'ils vont se séparer.

1. —Jacques, est-ce que tu _____ *(voir) Survivor* hier soir?

2. —Oui! Je ne peux pas _____ *(croire)* ce qui est arrivé!

3. Trois personnes se sont disputées. Tu _____ *(croire)* qu'ils vont voter contre Jerri?

4. —Je _____ *(ne pas voir)* l'émission de la semaine dernière. Qu'est-ce qui s'est passé?

5. —Jerri _____ *(croire)* voir Kel manger de la viande sèche.

6. —Je _____ *(croire)* qu'elle a menti *[lied]* pour que les autres votent contre Kel.

7. —Tu penses que les autres l'_____ *(croire)*?

8. —Je ne sais pas, mais j'_____ *(voir)* que Mad Dog était en colère!

9. —Est-ce que tu _____ *(voir)* l'émission de la semaine prochaine?

10. —Non, je ne _____ *(croire)* pas. Tu me raconteras?

J. Perdu *(Clueless).* Un de vos amis n'a pas assisté au cours la semaine dernière, et maintenant il est complètement perdu. Aidez-le à poser des questions en utilisant d'abord la forme correcte de l'adjectif **quel,** ensuite les pronoms interrogatifs comme **lequel, auquel** et **duquel.** Faites attention à l'accord!

❑ —Nous avons parlé *des pronoms.*   — *De quels pronoms?*

  —Des pronoms interrogatifs.   — *Desquels?*

1. —Vous avez appris *les verbes*?   —_____

  —Les verbes **voir** et **croire.**   —_____

2. —Vous avez compris *la leçon*?   —_____

  —La leçon de grammaire.   —_____

3. —Vous répondrez *aux questions*?   —_____

  —Aux questions du remplaçant *(substitute teacher).*   —_____

4. —Vous aurez une bonne note *à l'examen*?   —_____

  —À l'examen de demain.   —_____

5. —Vous êtes allés voir *le film*?   —_____

  —Le film que j'ai recommandé.   —_____

6. —Vous parlerez *de la leçon.*   —_____

  —De la leçon de conduite.   —_____

K. Quelle soirée! Vous êtes à une soirée d'étudiants où vous entendez des bribes *(snippets)* de conversations, mais personne ne sait utiliser les pronoms relatifs! Mentalement, vous reconstruisez toutes leurs phrases. Écrivez-les en utilisant les pronoms relatifs **qui, que** ou **dont,** selon le besoin.

❑ J'ai mangé un hamburger. Ce hamburger m'a rendu malade.

   J'ai mangé un hamburger qui m'a rendu malade.

❑ J'ai mangé une pizza. J'ai beaucoup aimé cette pizza.

   J'ai mangé une pizza que j'ai beaucoup aimée.

❑ J'ai mangé un couscous. Je me souviendrai toujours de ce couscous.

   J'ai mangé un couscous dont je me souviendrai toujours.

1. Va voir «La Joconde.» «La Joconde» s'appelle aussi *Mona Lisa.*

   _____

2. Voici l'étudiante. Vous m'avez parlé de cette étudiante.

   _____

3. Le manteau est à toi? <u>Le manteau</u> est sur le sofa.

    _____

4. *Le Monde* est un journal français. Je préfère *Le Monde*.

    _____

5. J'ai oublié le nom du livre. Tu m'as conseillé de lire <u>ce livre</u>.

    _____

6. Marc t'a apporté le cadeau. <u>Ce cadeau</u> est sur la table.

    _____

7. Carthage est une ville. Il ne reste rien <u>de cette ville</u>.

    _____

8. Les étudiants ont des difficultés à vivre. <u>Ces étudiants</u> sont pauvres.

    _____

9. Cet homme semble perdu. Tu vois <u>cet homme</u> là-bas.

    _____

10. Je ne connais pas ces gens. <u>Ces gens</u> sont venus te voir.

    _____

L. Des goûts et des couleurs *(Personal preferences)*. Complétez les phrases suivantes avec vos préférences.

❑ J'aime les romans ___*qui sont passionnants.*___

   ___*que j'achète à la gare.*___

   ___*dont je t'ai parlé hier.*___

1. Le Maroc est un pays _____

2. J'aime les profs _____

3. Va voir ce film _____

4. Je n'aime pas les gens _____

5. C'est un étudiant _____

M. Des sentiments. Choisissez une expression de la liste pour donner votre réaction. Suivez l'exemple et utilisez le subjonctif.

je suis ravi(e) que   je suis content(e) que   il est incroyable que
il est ridicule que   il n'est pas possible que   c'est dommage que
je suis désolé(e) que   je suis triste que   je regrette que
je suis fâché(e) que

❑ Il n'y a pas de cours vendredi.

Je suis content(e) qu'il n'y ait pas de cours vendredi.   ou

Il est ridicule qu'il n'y ait pas de cours vendredi.

1. Nous parlons français entre nous.

   _____

2. Quelques étudiants veulent toujours répondre en anglais.

   _____

3. Le professeur explique bien la leçon.

   _____

4. On a beaucoup de devoirs.

   _____

5. Nous avons un examen vendredi après-midi.

   _____

6. Je pourrai me reposer ce week-end.

   _____

7. Mes parents viendront me rendre visite.

   _____

8. Toi et moi, nous irons voir un film samedi soir.

   _____

9. Nous pourrons passer du temps ensemble.

   _____

10. Il va pleuvoir.

   _____

N. Des besoins. Écrivez les réponses du réceptionniste de l'hôtel Luxor à Rabat, qui utilise à chaque fois le pronom **en.**

❑ Où est-ce que je peux trouver *des cachets d'aspirine*?

   Vous pouvez en trouver à la pharmacie.
_____

1. Pardon, où est-ce qu'on vend *des cigarettes*?

   _____

2. Où pouvons-nous trouver un *bon dîner peu cher*?

   _____

3. Combien de *vins* y a-t-il dans leur liste des vins?

   _____

4. Est-ce qu'on peut boire *du café* tard le soir?

   _____

5. Combien de *chambres libres* avez-vous?

   _____

6. Est-ce que vous avez *des brochures touristiques*?

   _____

7. Qui vend *de belles cartes postales*?

   _____

8. Où y a-t-il *des journaux*?

   _____

O. *Rédaction:* Un téléguide. Écrivez un téléguide pour votre professeur de français. D'abord, choisissez cinq émissions que vous connaissez et écrivez une description de chacune. Ensuite, donnez votre avis. Quelle est votre opinion sur chacune de ces émissions? Y en a-t-il que vous trouvez formidables? ridicules? Avant d'écrire, révisez **Début de rédaction,** page 402.

• Avant de commencer, répondez aux questions suivantes.

   1. Regardez-vous souvent la télévision?

   _____

2. Si oui, quel est votre type de programme préféré? (les documentaires? les films? les émissions sportives? les informations? etc.) Si non, pourquoi ne la regardez-vous pas? (manque *[lack]* de temps? d'intérêt? etc.)

_____

_____

- Écrivez maintenant votre téléguide.

_____

_____

_____

_____

_____

_____

_____

_____

_____

_____

_____

_____

_____

_____

_____

_____

_____

Chapitre **15** *Qu'est-ce que je devrais faire?*

 A. Sur la route. Choisissez les phrases de la colonne droite qui complètent les phrases de la colonne gauche.

1. Qu'est-ce qui est arrivé? _____

2. Elle allait au travail ce matin quand ... _____

3. Le conducteur de la voiture roulait trop vite. Sans doute ... _____

4. Il était ivre, alors ... _____

5. Heureusement il y avait un gendarme juste derrière ... _____

6. Il a assuré à Emmanuelle que ... _____

7. Le gendarme a parlé au monsieur et ... _____

a. c'était la faute du monsieur.

b. qui a vu l'accident.

c. il lui a donné une contravention.

d. il ne faisait pas attention.

e. Emmanuelle a eu un accident.

f. sa mobylette est entrée en collision avec une voiture.

g. il avait trop bu.

 B. Un accident. Complétez en utilisant selon le cas le passé composé ou l'imparfait des verbes indiqués.

Hier, je *(voir)* _____ un accident. Il *(avoir lieu)*

_____ à 7 h 30, au coin du boulevard des Alpes et de la rue Amat.

Il *(neiger)* _____. Jeannette et moi, nous *(être)*

_____ en retard, mais nous *(ne ... pas rouler)*

_____ très vite parce que la chaussée *(être)*

_____ glissante. Mais le conducteur d'une Peugeot 405, qui *(venir)*

_____ de la droite à toute vitesse, *(ne ... pas pouvoir)*

_____ freiner au feu rouge et il *(heurter)* _____

une Volvo. Le conducteur de la Volvo *(être)* _____ blessé. Jeannette et

moi, nous *(téléphoner)* _____ tout de suite à la police. L'ambulance

(arriver) _____ quelques minutes après. Un agent de police *(donner)*

_____ une contravention au monsieur qui *(conduire)* _____

_____ la Peugeot.

Chapitre 15: WORKBOOK   **147**

C. Parce que ... Expliquez pourquoi personne n'était contente ce jour-là, en utilisant le plus-que-parfait des verbes entre parenthèses.

❏ Marc pleurait. *(perdre son chien)*

   Il avait perdu son chien.

1. Julienne avait mal au ventre. *(trop manger)*

2. Denis a reçu une contravention. *(conduire trop vite)*

3. Mes parents étaient fâchés contre Juliette. *(rentrer trop tard)*

4. Jacques et Sandrine avaient mal aux dents. *(manger trop de bonbons)*

5. Nous avions mal aux jambes. *(trop jouer au football)*

6. Le professeur a parlé avec Éric. *(oublier de rendre ses devoirs)*

7. Luc et Antoine étaient tristes. *(avoir de mauvaises notes)*

8. Germaine était sale. *(avoir des problèmes mécaniques)*

9. Muriel avait mal aux yeux. *(utiliser l'ordinateur trop longtemps)*

10. Toi, tu étais déçu(e). *(arriver trop tard au cinéma pour voir le film)*

D. Une révision. Répondez à votre amie selon ce qu'elle vous dit et avec les solutions proposées entre parenthèses. Utilisez le verbe **devoir** au présent.

❏ Je veux réussir à mon examen. *(étudier ce soir)*

   Alors, tu dois étudier ce soir.

1. Nous voulons maigrir. *(faire du jogging)*

2. Ma sœur veut voyager en Afrique l'été prochain. *(faire des économies)*

_____

3. André veut se marier avec moi. *(acheter une bague de fiançailles)*

_____

4. Les autres veulent regarder le match de basket ce soir. *(d'abord finir de nettoyer l'appartement)*

_____

5. J'ai mal à la tête. *(prendre de l'aspirine)*

_____

6. Je voudrais me reposer. *(ne pas sortir ce soir)*

_____

1B **E. L'orientation.** Vous êtes à une réunion d'orientation d'étudiants qui vont aller en France cet été. Utilisez le temps du verbe **devoir** qui convient le mieux au contexte. (Choisissez entre le présent, l'imparfait, le passé composé et le futur.)

❑ J'ai eu un accident hier soir; et je ___*dois*___ prendre le bus aujourd'hui.

1. Pourquoi est-ce que Kelly n'est pas ici? Elle _____ être malade.

2. Quel temps fera-t-il à Paris en juin? Nous _____ apporter un parapluie.

3. À cause des prix des billets sur Air France, nous _____ acheter des billets avec KLM, parce qu'ils étaient moins chers.

4. Nous arriverons en Belgique et nous _____ aller à Paris en train.

5. Pauvre Julien! Il _____ venir avec nous, mais il n'a pas assez d'argent pour cet été.

6. Souviens-toi! Tu me _____ 10,50 euros pour le *Guide des rues de Paris* que je t'ai acheté hier!

7. Mon professeur de français n'a pas pu envoyer sa lettre de recommandation. Il _____ être trop occupé!

8. Avant de partir ce soir, vous _____ me donner votre numéro de téléphone.

F. Témoin d'un accident. La police demande des renseignements au témoin d'un accident. Ses réponses sont souvent imprécises. Alors, l'agent repose les questions et demande des précisions. Cette fois-ci, posez les questions de l'agent en suivant l'exemple.

❑ LE TÉMOIN: *Il* a freiné trop tard.

L'AGENT: _Qui est-ce qui a freiné trop tard?_ ou _Qui a freiné trop tard?_

LE TÉMOIN: J'ai entendu *quelque chose.*

L'AGENT: _Qu'est-ce que vous avez entendu?_

1. LE TÉMOIN: *Elle* roulait très vite.

   L'AGENT: _____

2. LE TÉMOIN: *Quelque chose* traversait la rue.

   L'AGENT: _____

3. LE TÉMOIN: *Elle* ne faisait pas attention.

   L'AGENT: _____

4. LE TÉMOIN: *La rue* était très glissante.

   L'AGENT: _____

5. LE TÉMOIN: Un monsieur a dit *«Mince!»*

   L'AGENT: _____

6. LE TÉMOIN: *Une voiture de marque japonaise* a heurté ma voiture.

   L'AGENT: _____

7. LE TÉMOIN: J'ai entendu *deux personnes* qui parlaient espagnol.

   L'AGENT: _____

8. LE TÉMOIN: J'ai vu *une femme* sortir de la voiture.

   L'AGENT: _____

9. LE TÉMOIN: Elle m'a demandé *de l'aider.*

   L'AGENT: _____

10. LE TÉMOIN: Elle disait *des choses* que je n'ai pas comprises.

    L'AGENT: _____

G. La carte postale brouillée *(smudged)*. Louise Lambert est partie en vacances. Elle a envoyé une carte postale à son amie Sylvie, mais il a plu, et Sylvia ne peut pas tout comprendre. Quand Louise téléphonera, Sylvie lui posera une série de questions concernant les parties de la carte qu'elle ne pouvait pas lire. Lisez la carte et ensuite écrivez les questions de Sylvie.

Cancun, le 10 juillet.

Chère Sylvie,

Je t'écris ces quelques lignes pour te dire que je m'amuse beaucoup. Hier, j'ai visité ████████ (1). Je trouve cet endroit très beau. Et ████████ (2) est passionnant! Je suis chez ████████ (3) depuis trois jours. ████████ (4) est arrivé hier. Il m'a dit ████ (5). ████████ (6) et moi, nous sommes sortis dîner hier soir. Cet après-midi, je vais contacter notre ami, ████████ (7). Si tu veux, nous pourrons ████████ (8) quand je serai de retour, d'accord? Je te passerai un coup de téléphone avant mon retour. Amicalement, Louise

---

❑   *Quand me passeras-tu un coup de téléphone?*

Questions:

1. _____

2. _____

3. _____

4. _____

5. _____

6. _____

7. _____

8. _____

Chapitre 15: WORKBOOK

H. Un mystère. Complétez avec **personne, rien** ou **quelqu'un** le compte rendu d'un inspecteur de police.

1. _____ m'a téléphoné à 6 heures pour me parler.

2. Mais il ne voulait _____ dire au téléphone.

3. Une fois arrivé à la maison, le monsieur m'a dit que _____ d'extraordinaire

   n'est arrivé.

4. Mon amie a vu _____ qui portait des lunettes.

5. Elle avait trop peur; alors elle n'a _____ dit quand elle l'a vu.

6. On a entendu du bruit? Non, _____ n'a entendu de bruit.

7. Ensuite, on a remarqué que _____ avait pris des fourchettes et des

   couteaux.

8. _____ d'autre ne manquait.

9. Et _____ ne sait où sont les fourchettes et les couteaux maintenant.

10. Bref, _____ ne sait exactement ce qui est arrivé.

I. Au restaurant. Utilisez le conditionnel pour demander des services plus poliment.

❏ Nous voulons une table pour quatre, s'il vous plaît.

   Nous voudrions une table pour quatre, s'il vous plaît.

1. Nous voulons une section non fumeur.

   _____

2. Pouvez-vous me dire où se trouvent les toilettes?

   _____

3. Voulez-vous nous recommander un plat?

   _____

4. Est-ce que vous pouvez nous expliquer ce que c'est que «le steak tartare»?

   _____

5. Je veux de la tarte aux pommes.

_____

6. Nous désirons avoir l'addition, s'il vous plaît.

_____

J. Ce qu'on devrait faire pour recevoir une bonne note. Écrivez des phrases complètes avec le verbe **devoir** au conditionnel d'après l'exemple.

❑ les étudiants / arriver à l'heure

Les étudiants devraient arriver à l'heure.

1. les étudiants / rendre toujours leurs devoirs

_____

2. Marie / ne ... pas s'endormir

_____

3. Adihaha / prendre des notes

_____

4. Nathalie et Lucie / étudier la grammaire

_____

5. Jacob et Bill / répondre en français

_____

6. nous / demander des explications

_____

7. les étudiants / lire la leçon avant le cours

_____

8. le professeur / être content quand les étudiants parlent français

_____

K. Si on gagnait à la loterie ... ? Formez des phrases complètes pour suggérer ce que les gagnants *(winners)* de la loterie pourraient faire.

❏ Janine / vendre sa moto / acheter une voiture de sport

Janine vendrait sa moto et achèterait une voiture de sport.

1. Les Dubois / organiser une grande fête de trois jours / partir en vacances en Corse

_____

2. Jean-Luc / inviter tous ses amis / voyager avec tout le groupe à Tahiti

_____

3. Mes parents / acheter de nouveaux meubles *(furniture)* / mettre le reste de l'argent à la banque

_____

4. Ma meilleure amie, mon copain et moi / dîner dans un des grands restaurants parisiens / faire le

tour du monde _____

_____

5. Les étudiants de la classe de français / faire un voyage en France, au Maroc et au Sénégal / y

rester toute une année _____

_____

6. Ma cousine / rendre visite à toutes ses amies / faire un voyage en Inde

_____

7. Mon oncle Joseph / ne ... plus travailler / se reposer en Espagne

_____

8. Votre professeur / aller à la Guadeloupe / écrire un roman

_____

9. Et vous? Que feriez-vous si vous gagniez cinq millions d'euros à la loterie? Mentionnez cinq choses.

_____

_____

_____

_____

_____

L. Ah! Si j'étais riche ... ! Complétez les phrases suivantes en utilisant le présent du conditionnel.

❏ Si j'étais riche, je ne *(venir)* pas au cours.

   Si j'étais riche, je ne viendrais pas au cours. _____

1. ... je *(faire)* _____ le tour du monde.

2. ... je *(voyager)* _____ en avion.

3. ... je *(prendre)* _____ des vacances à Tahiti tous les étés.

4. ... mes frères *(venir)* _____ avec moi en vacances.

5. ... j'*(offrir)* _____ une belle voiture à mes parents.

6. ... nous ne *(faire)* _____ plus la vaisselle.

7. ... mon fils *(pouvoir)* _____ faire ses études à Harvard.

8. ... je *(habiter)* _____ dans un beau château.

9. ... nous *(être)* _____ tous très heureux.

10. ... la vie *(être)* _____ belle!

 M. *Rédaction:* **Le voyage de mes rêves.** Si vous aviez deux semaines de vacances, iriez-vous à Port-au-Prince, à Rabat, à Dakar, à Montréal ou à Genève? Après avoir fait votre choix hypothétique, vous allez écrire une lettre à un(e) ami(e). Avant d'écrire, révisez **Début de rédaction,** page 426.

• Répondez à ces questions.

   1. Quels endroits est-ce que vous visiteriez?

   _____

   2. Voyageriez-vous seul(e) ou avec quelqu'un?

   _____

   3. Combien de temps y passeriez-vous?

   _____

   4. Quels hôtels est-ce que vous choisiriez?

   _____

   5. Vous feriez des réservations pour quelle sorte de chambre?

   _____

6. Quels gens est-ce que vous aimeriez rencontrer?

_____

7. Quelles activités aimeriez-vous faire pendant le voyage?

_____

• À l'aide des réponses que vous avez écrites plus haut, écrivez votre lettre à votre ami(e).

_____

_____

_____

_____

_____

_____

_____

_____

_____

_____

_____

_____

_____

_____

_____

_____

_____

_____

_____

_____

Lab Manual

Chapitre préliminaire *Au départ*

Partie A: Prononciation

Activité 1: Masculin ou féminin?

After reading the pronunciation section on page 4 of *Entre amis,* decide whether the following words are masculine or feminine and place an X in the appropriate column.

	Masculin	*Féminin*
☐	X	
1.		
2.		
3.		
4.		
5.		
6.		
7.		
8.		
9.		
10.		

Activité 2: Les nombres et l'alphabet français

After reviewing the French numbers and alphabet in the **Chapitre préliminaire,** say and spell the names below and say the phone numbers in French.

1. Bruno
2. 03–25–30–28–17
3. Caroline
4. 03–15–12–06–21

Partie B: Compréhension

Activité 1: Ici on parle français

People in many parts of the world speak French as their native language. In this activity, you will hear native speakers of different languages say a few words about themselves. You do *not* need to understand what each person is saying; your task is simply to decide whether or not the language spoken is French. There are pauses after each speaker so that you can think before marking your answers. You can also listen to the samples more than once if it will help you to decide.

On parle français?

	oui	non		oui	non		oui	non
1.	_____	_____	4.	_____	_____	7.	_____	_____
2.	_____	_____	5.	_____	_____	8.	_____	_____
3.	_____	_____	6.	_____	_____			

Activité 2: Le monde francophone

A. Take time to look over the following four maps. Of the French-speaking areas you see highlighted, which two would you most like to visit?

Premier choix: _____

Deuxième choix: _____

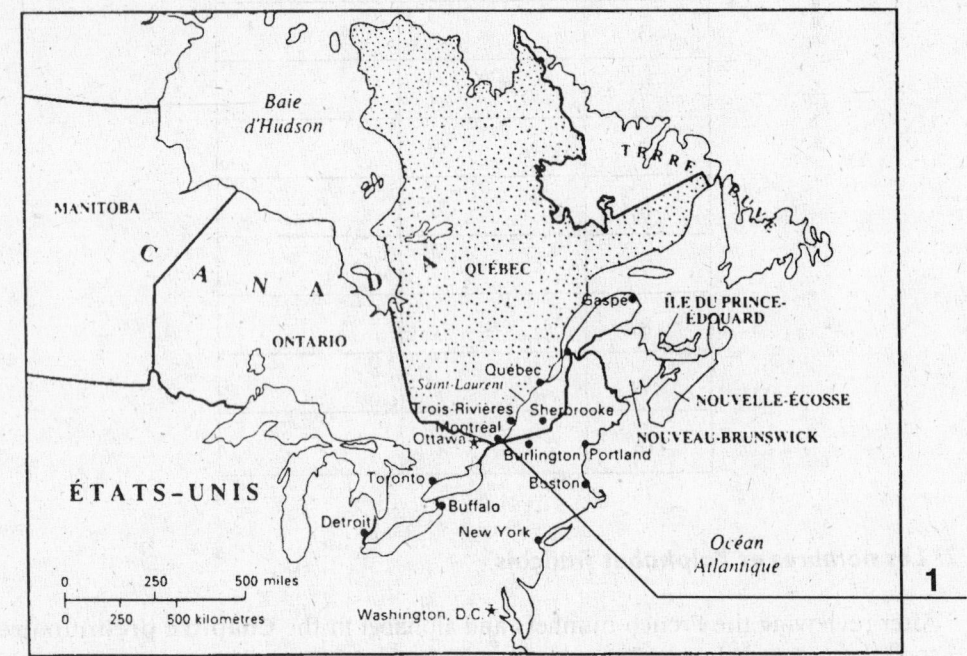

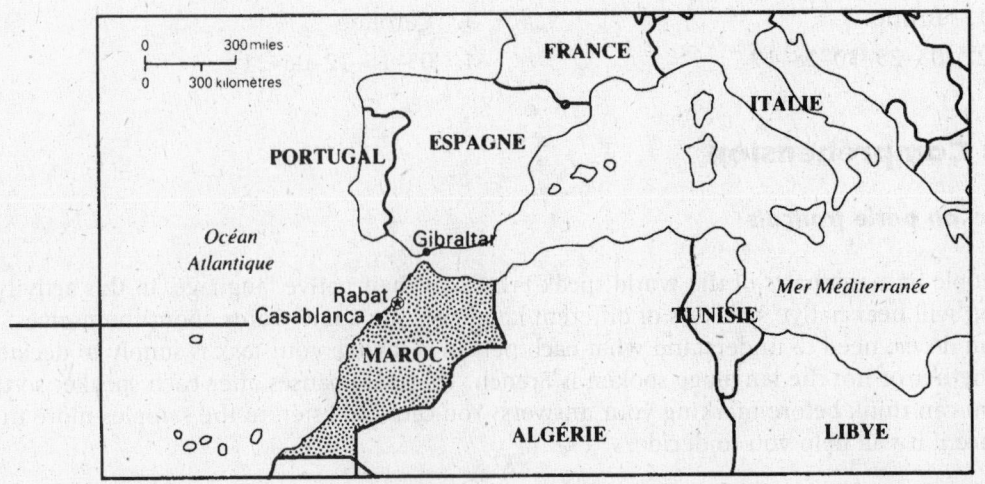

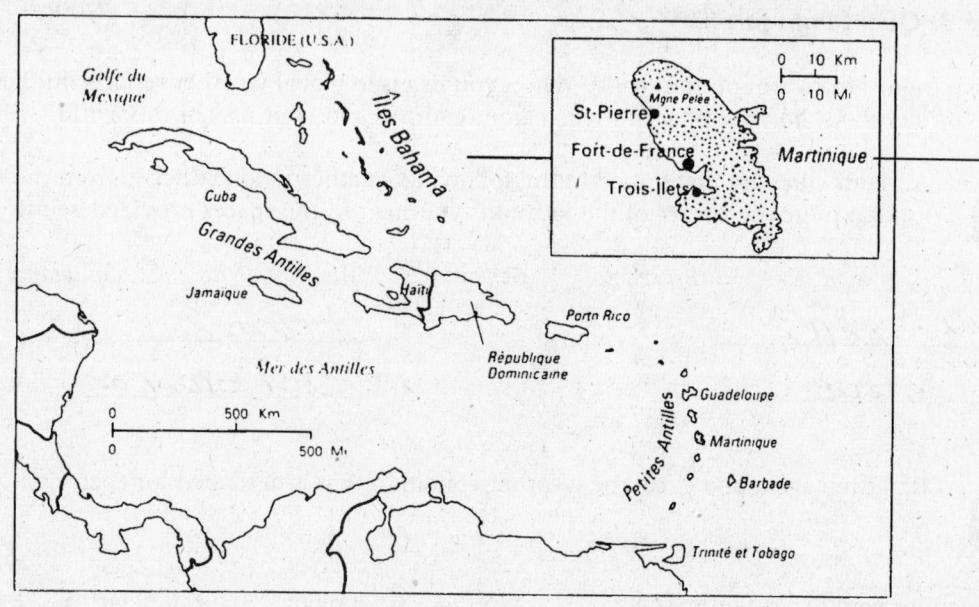

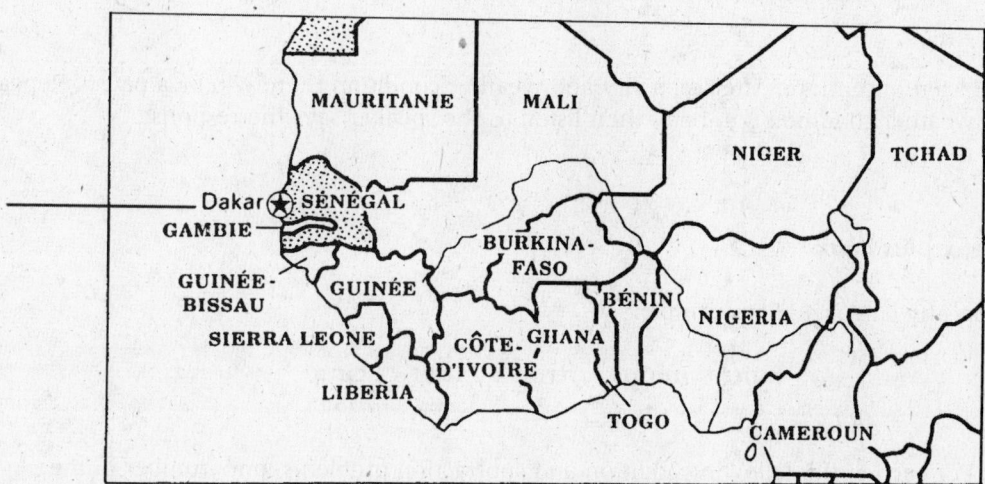

 B. Listen to the following native speakers as they introduce themselves to you in French and tell you where they are from. You will hear each greeting twice. First, locate the country and city on the maps above. Then, write the number of the speaker on the line next to each city. The first one is filled in for you.

1. Georgette

2. Françoise

3. Pierre

4. Monsieur Patou

Chapitre préliminaire: LAB MANUAL   **161**

Activité 3: Quel temps fait-il?

You have friends from around the world. When you listen to global weather reports on the radio, you're curious about how weather in their regions compares to your part of the world.

 A. Four cities are mentioned in the following weather report. Choose from the following list and write the names of the locations you hear in the spaces provided below.

Montréal   Bruxelles   Genève   Paris   Nice   Casablanca

1. _Bruxelle_
2. _Genève_

3. _Montréal_
4. _Casablanca_

 B. Listen again and circle the weather condition that is described for each city.

1. (il fait du vent)   il fait du soleil
2. il neige   (il fait froid)

3. il pleut   (il neige)
4. il fait beau   (il fait chaud)

 **C.** Listen once more. After each city and weather condition there will be a pause. Repeat the weather condition you hear, then listen as the speaker says the response.

Activité 4: Deux plus deux

Math is math in any language. For example:

huit	**moins**	**trois**	**font**	**cinq**
8	–	3	=	5

 **A.** For each of the following addition and subtraction problems, one number in the equation is written in for you. First, look at each problem and pronounce the number given. Notice whether you will be adding or subtracting.

1. $6 + \underline{15} = \underline{20}$
2. $\underline{26} - 14 = \underline{12}$
3. $4 + \underline{4} = \underline{8}$

4. $13 + \underline{16} = \underline{29}$
5. $\underline{12} - 10 = \underline{2}$
6. $\underline{30} - 11 = \underline{19}$

 B. When you've finished looking over the problems, start the audio. You will hear the given number and one of the other numbers in the equation. Write the new number that you hear in the appropriate space.

 Now solve the problems and write the remaining number for each equation in activity A.

C. Start the audio. Listen as each equation is read with the answer. Did you get the right answers?

Partie C: En contexte

In this activity, you will take part in brief exchanges that might occur in social situations in French-speaking countries. There may be different ways of responding to the same question or comment. Notice the intonation the speakers use to convey their meaning and try to imitate them. For example, in English you might hear,

    —Wow, that's a nice chair! Is it new?
    —Yes. I'm glad you like it. OR
    —Wow, that's a nice chair! Is it new?
    —Yeah, it's O.K., but I don't really like the color.

Here's an example in French.

    —Comment dit-on «*the door*»?
    a. En français? OR
    b. On dit «la porte».

 Now it's your turn. Look over the questions and responses, then turn on the audio. When you hear the question and the first response, repeat the first response in the pause, using the same intonation to convey meaning. When you hear the questions again with the second response, repeat the second response. When you hear the tone, it's up to you to ask the question. Circle the answer you hear.

1. a. —Quelle heure est-il?
       —Il est dix heures vingt.

       — *Je ne sais pas* .

   b. —Quelle heure est-il?
       —Je ne sais pas.

       —_____.

  c. —_____?
       —Il est dix heures vingt. / —Je ne sais pas.

2. a. —Donnez-moi la craie.
       —Pardon?

       —_____.

   b. —Donnez-moi la craie.
       —Répétez, s'il vous plaît.

       —_____.

  c. —_____.
       —Pardon? / —Répetez, s'il vous plaît.

    Chapitre préliminaire: LAB MANUAL

3. a. —Vous comprenez?
   —Non, je ne comprends pas.

   —_____.

   b. —Vous comprenez?
   —Comment?

   —_____.

   c. —_____?
   —Non, je ne comprends pas. / —Comment?

Chapitre 1 *Bonjour!*

Partie A: Prononciation

Activité 1: L'accent et le rythme

Contrast the following pairs of French and English words by underlining the syllable that receives the main accent. Repeat the words after the example. After you repeat the word, you will hear it one more time.

	English		**French**
❏ You underline:	A<u>mer</u>ican	You underline:	améri<u>cain</u>
You say:	American	You say:	américain
You hear:	American	You hear:	américain
		You repeat:	américain

	English	French
1.	<u>e</u>qually	égale<u>ment</u>
2.	Ca<u>na</u>dian	cana<u>dien</u>
3.	<u>com</u>parable	compa<u>ra</u>ble
4.	adminis<u>tra</u>tion	administra<u>tion</u>
5.	<u>jour</u>nalism	journa<u>lisme</u>

Activité 2: Les consonnes finales

Listen to the following words and place an X in the appropriate column to indicate the final written letter.

	Ends with a pronounced consonant	Ends with a silent consonant	Ends with a silent e
❏		X	
1.	X		X
2.		X	X
3.		X	
4.	X		
5.	X		
6.			X
7.	X		
8.	X		
9.	X		
10.		X	

(handwritten notes in margin) part A - ± 8-9 B 12-13 achines 3-y

Chapitre 1: LAB MANUAL   **165**

Partie B: Compréhension

Activité 1: Quelques descriptions

 A. Listen to the words that follow and decide whether they are masculine or feminine. Check the appropriate column. If you can't tell, check **je ne sais pas.**

	masculin	*féminin*	*je ne sais pas*
1.	_____	_____	_____
2.	_____	_____	_____
3.	_____	_____	_____
4.	_____	_____	_____
5.	_____	_____	_____
6.	_____	_____	_____

 B. As you sit in a café, you hear bits of conversation as people walk by your table. Using the blanks provided, fill in the words that describe physical appearance, nationality, or marital status. Don't worry if you don't understand all the other words.

1. [_] _ _ r _ c _ _ _ _

2. j _ _ _ [_] _ i _

3. [_] r _ n _ _

4. [_] a _ _

5. f _ [_] _ _ é _

6. _ _ _ l [_] _ _ n _

7. c _ _ _ _ _ _ _ _ i _ _ [_]

8. _ i [_] _ _ l _

 **C.** Using the bracketed letters from activity B, fill in the blanks provided.

_ _ _ _ _ _ _ _

Can you tell the gender and number of this adjective of nationality?

Activité 2: Je peux vous aider?

A. On a flight from New York to Montpellier, Pierre Bouveron is seated next to Martine Cheynier, a young mother who is busy taking care of her two small children. A half-hour before arrival, the flight attendant passes out the landing cards for passengers to fill out. Before listening, fill in each blank by selecting the appropriate word or expression from the list below.

assez	*Madame*
canadienne	*où habitez-vous?*
certainement	*oui*
comment vous appelez-vous?	*prénom*
deux	*profession*
donnez-moi	*suis*
excusez-moi	*voilà*

MARTINE CHEYNIER: _____, Monsieur.

PIERRE BOUVERON: Oui, _____? Je peux vous aider?

MARTINE CHEYNIER: _____ le problème: je voudrais remplir *(fill out)*

la carte, mais avec mes _____ bébés, c'est

_____ difficile.

PIERRE BOUVERON: Ah! _____, je comprends! Alors,

_____ la carte.

Numéro un: _____?

MARTINE CHEYNIER: Cheynier. C-H-E-Y-N-I-E-R.

PIERRE BOUVERON: _____?

MARTINE CHEYNIER: Martine.

PIERRE BOUVERON: Alors, _____?

MARTINE CHEYNIER: À Québec.

PIERRE BOUVERON: Vous êtes donc _____?

MARTINE CHEYNIER: Oui, c'est ça.

PIERRE BOUVERON: Vous avez une _____?

MARTINE CHEYNIER: _____! Je _____ mère

(mother) de famille! En voilà l'évidence!

B. Now listen to the dialogue and check the answers you gave in activity A, above.

C. You will hear the dialogue again. Pretend you are Pierre, who is helping Martine complete her landing card. Fill it in for her.

Carte de débarquement

1. **Nom:** _____

   Prénom: _____

2. **Date de naissance:** _____ 25/05/64 _____

3. **Lieu de naissance:** _____ Québec _____

4. **Nationalité:** _____

5. **Profession:** _____

6. **Domicile:** ___ 2276, rue des Érables ___

   _____ Québec (Québec) _____

   _____ G1R 2HR Canada _____

7. **Aéroport ou port d'embarquement:** ___ NY ___

Activité 3: Permettez-moi de me présenter ...

A. You are sharing a breakfast table in the salon of the *hôtel de Noailles*. A man arrives and introduces himself to the gentleman seated across from you. As you overhear their conversation, first concentrate on Monsieur Martin. How does he describe himself? Check off your choices.

Monsieur Martin

touriste: _____ oui   ✓ non

profession: _____ médecin   ✓ pharmacien

B. Listen to the dialogue again. This time, check off the choices that describe Monsieur Legrand.

Monsieur Legrand

profession: ✓ professeur   _____ mécanicien

nationalité: _____ belge   ✓ suisse

domicile: _____ Suisse   ✓ Belgique

état civil: ✓ marié   _____ veuf

touriste: ✓ oui   _____ non

Activité 4: Quelle chambre? Quelle surprise!

A. You are part of a tour group that has stopped for the night at the *hôtel de Noailles* in Montpellier. You offer to help when the tour director calls out the names of group members and tells them their room assignments. Use the check-off column on the left below to mark each name that the tour director calls. Note that not all of the people on the list will be staying at this hotel.

	Liste des voyageurs	
	Nom	*Numéro*
✓	Carron, Claude	13
✓	Charvier, Évelyne	24
___	Delombre, Françoise	___
✓	Dupont, Marc et Caroline	22
✓	Duvalier, Georges	14
✓	Hamel, Oreste	34
___	Laval, Jeanne	___
✓	Martin, Étienne et Chantal	23

B. Listen again as the tour director repeats the names and room numbers. This time, indicate on the form the number of the room each traveler is assigned to occupy.

C. This time, when the tour director repeats the room assignments, people aren't paying attention—or are they? Listen and check your form against the tour director's assignments. Were *you* paying attention?

Partie C: En contexte

Activité 1: Vignette

Thomas Johnson is attending a luncheon at the *Alliance française* in Paris. He mistakenly believes he recognizes Mrs. Cardin.

A. Avant d'écouter *(Before listening).* Try to give at least one French expression for each of the following.

1. What could Thomas say to break the ice?

_____

2. What might he say to find out the woman's identity?

_____

3. How would he introduce himself?

_____

B. À l'écoute. First, listen to the conversation once or twice without writing. Keep in mind who the characters are, where they are, and what they are doing. This will increase your ability to predict what they will say and therefore to understand them better. Then, write the parts that are missing in the blank spaces provided. Finally, reread what you have written to check spelling and grammar.

THOMAS: Bonjour, _____.

MME LECLAIR: Bonjour, _____.

THOMAS: Excusez-moi _____.

_____ Madame Cardin?

MME LECLAIR: Non, _____. Je _____ Cardin.

Je _____ Madame Leclair.

THOMAS: Mais _____?

MME LECLAIR: Non, _____. Je _____.

J'_____ Montréal. Et vous, _____?

THOMAS: Non, _____.

_____.

_____ Thomas Johnson.

Activité 2: À vous

Close your text before doing this activity. Respond orally and in writing. You will hear each question twice. After the question is repeated, you will have time to respond. When you finish, check your comprehension of the questions on page 24 of your text.

1. _____

2. _____

3. _____

4. _____

5. _____

6. _____

7. _____

8. _____

9. _____

10. _____

Chapitre 2 *Qu'est-ce que vous aimez?*

Partie A: Prononciation

Activité 1: Comment est-ce qu'on écrit ...?

Read the pronunciation section for Chapter 2 of *Entre amis.* Spell the words below. Then listen to hear the correct spelling.

❑   You see: nom
       You say: **«nom» s'écrit N–O–M**
       You hear: N–O–M

1. prénom
2. adresse
3. âge
4. profession
5. nationalité

Activité 2: [e] ou [ɛ]?

Listen to the following words and place an X in the appropriate column.

	[e]	[ɛ]
1.		
2.		
3.		
4.		
5.		
6.		
7.		
8.		
9.		
10.		

Partie B: Compréhension

Activité 1: Comment allez-vous?

 A. When greeting others, remember that the expressions **salut!** and **ça va?** or **comment ça va?** are only used with familiar relationships, for example, with family and friends or with other students. Listen to the following exchanges and decide if the greeting and question are correctly matched. Follow the models.

	correct	incorrect
☐	_____	_____ X
☐	_____ X	_____
1.	_____	_____
2.	_____	_____
3.	_____	_____
4.	_____	_____
5.	_____	_____
6.	_____	_____

 B. Write a more socially acceptable exchange for any of the items you marked as incorrect in part A, above.

☐ _Bonjour, Madame. Comment allez-vous?_ _____

_____

_____

_____

Activité 2: Vous trouvez?

Listen as the following people give and receive compliments. You will hear two responses to each compliment. Circle the letter of the response you feel is more polite.

1. a.   b.   4. a.   b.

2. a.   b.   5. a.   b.

3. a.   b.   6. a.   b.

Activité 3: Au Café de l'Esplanade

A. Look over the menu from the *Café de l'Esplanade*. Write your answers to the following questions.

Café de l'Esplanade

boissons
café express 1€
café au lait 1,50€
café crème 1€
thé 1,50€
lait froid 1,70€
Vichy, Vittel, Perrier 2€
  avec sirop de citron 2,40€
jus d'orange 2€
coca, coca light 2€
limonade 1,80€
orangina 2€
orange ou citron pressé 2€
demi-pression 2€
bière allemande 2,20€
vin blanc ou rouge 1,80€
vin de Californie 2,75€

plats
salade 1,80€
croque-monsieur 2€
omelette 2,10€
pizza 2,10€

1. C'est l'après-midi. Qu'est-ce que vous voulez boire?

_____

2. Vous avez 7,50 €, et vous désirez manger quelque chose. Qu'est-ce que vous mangez?

_____

B. While you are relaxing at the *Café de l'Esplanade,* you hear the waiter take orders from three other tables. As you listen to these conversations, use the lists of menu items below to check off the food and drinks ordered by the people at each table. Note that not all of the choices will be ordered.

Table #1

_____ vin blanc

_____ vin rouge

_____ vin de Californie

_____ café au lait

_____ thé

_____ eau minérale

Table #2

_____ omelette

_____ pizza

_____ Perrier citron

_____ jus d'orange

_____ coca

_____ coca light

Table #3

_____ lait

_____ limonade

_____ orangina

_____ citron pressé

_____ bière allemande

_____ coca

C. Turn off the audio and look again at the lists above. List below all the food and drink items actually ordered.

	Table #1	Table #2	Table #3
café au lait			

 D. Listen again to the three conversations. Write the *quantity* of each item ordered by the different parties in the spaces provided above. You may want to listen to the conversations more than once.

 **E.** Look over the menu on page 173. Listen to the server who comes to your table and asks for your order. Since the *Café de l'Esplanade* is very noisy and the tables are close together, your server has trouble hearing you. Order a drink that costs 1 euro and a food item that costs 2 euros. Speak your part in the conversation below.

—Vous désirez?

—_____

—Pardon?

—_____

—Bien.

Activité 4: Les rendez-vous au resto U

 Several groups of students have met for lunch in the resto U. They are discussing their activities, studies, and favorite foods and drinks. As you hear each conversation, cross out the item that is *not* mentioned.

1. le tennis le football le basket-ball le football américain

2. chercher pleurer danser regarder

3. le vin blanc le vin rouge le vin rosé la bière

4. l'anatomie les maths la physique la biologie

5. une orange une salade un sandwich une omelette

Partie C: En contexte

Activité 1: Vignette

At a dance, two French speakers have just met.

 **A. Avant d'écouter.** Before listening, try to give at least one French expression for each of the following.

1. What might they say to each other prior to dancing?

   _____

2. What might they say while dancing?

   _____

 B. À l'écoute. First, listen to the conversation once or twice without writing. Keep in mind who the characters are, where they are, and what they are doing, to predict what they will say and understand them better. Then, write the missing parts in the blank spaces provided. Finally, reread what you have written to check spelling and grammar.

ALAIN: Vous _____?

SYLVIE: Non, je _____.

ALAIN: Eh bien, _____.

SYLVIE: J'_____.

ALAIN: Vous _____.

SYLVIE: _____?

ALAIN: _____ oui, _____.

Activité 2: À vous

 Close your text before doing this activity. Respond orally and in writing. You will hear each question twice. After the question is repeated, you will have time to respond. When you finish, check your comprehension of the questions on page 51 of your text.

1. _____

2. _____

3. _____

4. _____

5. _____

6. _____

7. _____

8. _____

9. _____

10. _____

Chapitre 3 *Chez nous*

Partie A: Prononciation

Activité 1: L'accent et le rythme

Read the pronunciation section for Chapter 3 of *Entre amis.* Then listen to the model and pronounce the following short sentences, paying particular attention to the rhythm and accent. After you repeat each sentence, you will hear it again.

1. Qui sont-ILS?
2. Ils s'appellent Jean et Marie DuBOIS.
3. Ils sont maRIÉS.
4. Ils sont canaDIENS.
5. Ils habitent à MontréAL.

Activité 2: [e], [ɛ] ou [ə]?

Listen to the following words and place an X in the appropriate column.

	[e]	[ɛ]	[ə]
1.	X		
2.			X
3.		X	
4.	X		
5.			X
6.	X		
7.			X
8.	X		
9.	X		
10.	X		

Partie B: Compréhension

Activité 1: Les deux familles de Lori Cooper

 **A.** Before you listen to the conversation, how would you answer the following questions about your own family?

1. Est-ce que votre mère a des sœurs?

   _____

2. Combien de cousines avez-vous?

   _____

3. Vos grands-parents ont-ils un chat?

   _____

B. Now listen to Lori describe her families. Stop the audio as needed to fill in the missing words in the sentences below. Some letters will fall in the bracketed spaces; you will be using these letters later.

MARC: _ _ -tu une _ _ _ [_] _ _ _ nombreuse?

LORI: Non, pas exactement, mais j'_ _ deux petites _ _ _ _ _ _ _ _.

MARC: Comment?

LORI: Mes _ _ _ _ [_] _ _ sont _ _ _ _ _ _ [_] _ _. Mon _ _ _ _ _ s'est remarié *(is remarried)*, et il habite à Los Angeles avec ma _ _ _ _ [_] - _ _ _ _ _ et mes deux

   _ _ _ _ _ _.

MARC: Eh bien ... deux _ _ _ _ _ _ _? Quel âge ont-ils?

LORI: Voyons ... _ _ _ _ _ a vingt-deux ans et _ [_] _ _ _ _ a dix-huit ans. J'ai aussi un

   _ _ _ _ _ - _ _ _ _ _ _; il s'appelle _ _ _ [_] et il a six ans.

MARC: Ta mère s'est remariée, aussi?

LORI: Non, elle habite seule près de chez moi.

MARC: Alors, tu n'_ _ pas de _ _ _ [_] _ _? C'est tout?

LORI: Non ... pas exactement ...

 **C.** Unscramble the bracketed letters above to discover one more member of Lori's family.

   J'ai _ _ _ _ _ _ _ aussi.

Activité 2: Un faux numéro

A. Bernard is trying to reach his friend Georges. He's in a phone booth, holding some packages, and he has some trouble dialing. Read the questions before listening to the conversations.

1. What number is Bernard trying to reach?　　　___-___-___-___-___

2. What number did Bernard reach?　　　　　　 ___-___-___-___-___

3. What is Georges's number at work?　　　　　 ___-___-___-___-___

B. Listen to Georges's answering machine and the message Bernard has left for him. Circle the number that Bernard leaves.

05–56–37–82–21　　　05–56–99–74–66

C. You are over at Georges's place when he gets home and listens to his messages. He accidentally deletes Bernard's message before he writes down his number. You can help by telling him the number you heard.

GEORGES: —Zut! Quel est son numéro?!

VOUS: —_____.

Activité 3: Parle-moi de ta maison

Andrew Martin, a student in Aix-en-Provence, is showing a classmate some photos of his home in Detroit. First, look over the following list of possessions, then listen to the conversation. If Andrew mentions a particular item that he or his family has in Detroit, put a check in the column labeled *À Detroit*. If he describes an item that he has in Aix, check the *À Aix* column.

	À Detroit	*À Aix*
1. un appartement	_____	_____
2. une maison	_____	_____
3. un garage	_____	_____
4. un chien	_____	_____
5. un vélo	_____	_____
6. une moto	_____	_____

Activité 4: Quel désordre!

 **A.** Tante Sylvie and oncle Alain receive a letter with pictures from their niece Marie-Claire, who is away at the university of Montréal. Look carefully at the pictures of Marie-Claire's apartment. List three possessions that you recognize.

1. _____un bureau_____
2. _____un ordinateur_____
3. _____un lit_____

 B. Before listening to Marie-Claire's letter, look over the following list of possessions. Then, listen to tante Sylvie read the letter to oncle Alain. In the spaces to the *left* of the list, check off each item that you hear mentioned.

✓	un appartement	MC, S
	un sofa	
✓	deux chiens	MC, S
	un chat	
✓	un lit	T
✓	un ordinateur	T
✓	une radio	S
	une télé	
✓	un bureau	MC
✓	une calculatrice	MC
✓	une stéréo	S

 C. Now listen to Marie-Claire's letter again. In the space to the *right* of each possession that you hear mentioned in Marie-Claire's letter, write the initials of the roommate(s) who own(s) it.

Partie C: En contexte

Activité 1: Vignette

Mme Dupont spots Valérie, whom she knows, and inquires about the two-year-old girl who is with her.

A. Avant d'écouter. Before listening, try to give at least one French expression for each of the following.

1. What would Mme Dupont ask to find out how Valérie and the child are related?

   _____

2. Who might the child be?

   fille

3. What might Valérie say to identify the child?

   Elle est ma fille

B. À l'écoute. First, listen to the conversation once or twice without writing. Keep in mind who the characters are, where they are, and what they are doing, to predict what they will say and understand them better. Then, write the missing parts in the blank spaces provided. Finally, reread what you have written to check spelling and grammar.

MME DUPONT: Tiens! _Voilà_ Valérie. _Bonjour Valérie_.

VALÉRIE: _Bonjour madame_.

MME DUPONT: Est-ce que c'est _votre soeur_?

VALÉRIE: Non, _c'est ma nièce_. Elle _s'appelle_ Jeanne et elle a ~~douze~~ _deux_ ~~deux~~ ans.

MME DUPONT: _Est-ce qu'~~elle~~ elle a des_ ~~des to~~ frères ou des _____ soeurs?

VALÉRIE: Elle a _une soeur mais elle n'a pas encore de frère_

MME DUPONT: Et _comment s'appelle sa soeur_?

VALÉRIE: Michelle.

MME DUPONT: Ah, _j'ai une fille_ qui s'appelle Michelle _aussi_.

Chapitre 3: LAB MANUAL 181

Activité 2: À vous

Close your text before doing this activity. Respond orally and in writing. You will hear each question twice. After the question is repeated, you will have time to respond. When you finish, check your comprehension of the questions on page 81 of your text.

1. Il y a quatre personnes dans ma famille.
2. Elles & s'appellent Rachel + Paven
3. Elles habitent à North Delta
4. Elles ont ~~deux~~ vingt ~~deux~~ deux et vingt-trois.
5. Non, elles n'etudiants pas d'université.

6. Il y a duex chambres, une cuisine, les toilettes, et un garage.
7. Non, elles ~~est~~ est célibataire

8. Non, elle est célibataire

9. Non, elle n'ai pas des enfants.

Chapitre 4 *L'identité*

Partie A: Prononciation

Activité 1: [ɛ̃], [ɑ̃] et [ɔ̃]

 Read the pronunciation section for Chapter 4 of *Entre amis*. Then listen to the following words and place an X in the appropriate section.

	[ɛ̃]	[ɑ̃]	[ɔ̃]
1.			X
2.		X	
3.	X		X
4.	X		X
5.	X		
6.		X	
7.			X
8.			X
9.	X		
10.			X

Activité 2: Nasal ou non?

 Listen to the words and decide whether or not they contain a nasal sound.

	Nasal	*Pas nasal*
1.	X	O
2.		X
3.		X
4.	X	
5.		X
6.	X	
7.		X
8.		X
9.	X	
10.	X	

Chapitre 4: LAB MANUAL

Partie B: Compréhension

Activité 1: Comment sont-ils?

You will hear descriptions of several people. As you listen to each description, circle the word in each pair that most accurately describes the person or persons.

1. ennuyeux   paresseux
2. naïves   pas gentilles
3. généreuse   travailleuse
4. bavards   sportifs

Activité 2: Madame Amour et vous

A. Personal ads usually include vital statistics such as sex, age, and height or size. Sometimes people mention likes and dislikes and how they spend their free time. Your friend Annie has already filled out the following form, which will be the basis of a personal ad. Now it's your turn to fill out the form, describing both yourself and your "ideal partner."

	Annie	*Vous*	*Votre partenaire idéal(e)*
sexe	f.		
âge	28 ans		
taille/physique	pas très grande		
j'aime	le tennis, la musique classique		
je déteste	le rock, le ski nautique		
autre	un enfant (18 mois)		

B. Once in a while, you tune in to a radio program that advertises single people who are looking for companions. You will now hear this week's edition of *Madame Amour et vous*. Use the following forms to take notes about the single people Madame Amour describes. Replay the descriptions as many times as you need to write something on every line on each form. The information may not be given in the order of the categories that appear on the form.

Identité Numéro Un
sexe:
âge:
taille/physique:
il/elle aime:
il/elle déteste:
autre:

Identité Numéro Deux
sexe:
âge:
taille/physique:
il/elle aime:
il/elle déteste:
autre:

Identité Numéro Trois
sexe:
âge:
taille/physique:
il/elle aime:
il/elle déteste:
autre:

Identité Numéro Quatre
sexe:
âge:
taille/physique:
il/elle aime:
il/elle déteste:
autre:

C. Decide whether you consider the information you've written in part B to be a positive (+), negative (−), or neutral (=) feature of the person. Mark the appropriate symbol on the lines provided, or in the margin next to them.

D. Keeping in mind the judgments you made in part C, answer the following questions.

1. Avec quelle personne désirez-vous passer du temps? Pourquoi?

_____

_____

2. Qui est le (la) partenaire idéal(e) pour un(e) de vos profs? Pourquoi?

_____

_____

Activité 3: Paulette cherche du travail

A. Look over the list of occupations that follows. Based on your knowledge of the world and your personal opinions, estimate the following items for an entry-level position in each profession:

- how many years of college study are required
- the average starting salary
- the probability that you would enjoy this position

Profession	*Préparation académique*	*Salaire au début*	*Probabilité de satisfaction*
professeur	6–8 ans	35.000 $ U.S.	67%
infirmier(-ière)			
cuisinier(-ière)			
pharmacien(ne)			
programmeur(-euse)			
journaliste			
athlète			
assistant(e) social(e)			

B. Paulette is reading the classified ads in the newspaper. Before you listen to her conversation with a friend, look over the following questions and notice the kind of information you will be listening for. Then listen to the conversation and answer the questions. Play the conversation as many times as you need to in order to answer the questions in your lab manual.

1. Est-ce que Paulette travaille en ce moment?

_____

2. Qu'est-ce que Paulette cherche dans son travail?
    a. de la variété et un gros salaire
    b. de la variété et un bon emploi du temps
    c. de la variété et de la stabilité

3. Nommez trois professions que Paulette et son amie mentionnent dans le dialogue.

_____

_____

_____

Activité 4: Au marché aux puces (At the flea market)

A. If you were going on a shopping spree, buying one of each of these items, what colors would you select? (Be sure that the colors you write agree in number and gender with the article of clothing.)

une ceinture _____noire_____   un pantalon _____vert_____

un chapeau _____brun_____   un short _____rose_____

des chaussettes _____noires_____   un sweat-shirt _____rouge_____

un foulard _____bleu_____   des tennis _____blanche_____

des lunettes _____noires_____   une veste _____verte_____

B. Look at this man all dressed up! Identify the items of clothing he's wearing on the lines provided, using the appropriate article (**un, une, des**). Note: two lines are provided for each item. The second line of each pair will be used for part C, below.

1. des lunettes / rose
2. un chemise / gris
3. un pantalon / jaune
4. des tennis vert

5. un chapeau / noire
6. une cravate / bleue
7. une ceinture / violette
8. des chaussette rouse

C. The friends will be discussing many of the same clothing items you identified on the man in part B, above. Listen to the conversation and write on the second line the colors that are mentioned with each article of clothing.

Activité 5: Qu'est-ce qu'on fait?

 A. You will hear the sounds of some ordinary, everyday activities. Look over the list of activities on the right. Only five of them will correctly match the sounds you hear. Write the appropriate letters next to the corresponding numbers.

1. _____

2. _____

3. _____

4. _____

5. _____

a. On fait des provisions.

b. On fait la sieste.

c. On fait la cuisine.

d. On fait les devoirs.

e. On fait la vaisselle.

f. On fait le ménage.

g. On fait une promenade.

B. You will hear the same sounds in the same order. After you hear the sound, answer the question and say what you are doing. Then listen to check your answers.

1. Qu'est-ce que vous faites?

_____

2. Qu'est-ce que vous faites?

_____

3. Qu'est-ce que vous faites?

_____

4. Qu'est-ce que vous faites?

_____

5. Qu'est-ce que vous faites?

_____

Partie C: En contexte

Activité 1: Vignette

Jean-Pierre has just moved into a student residence in Strasbourg. He goes to the main desk to ask if there is any mail for him.

 **A. Avant d'écouter.** Before listening, try to give at least one French expression for each of the following.

1. What will Jean-Pierre say to the man at the desk?

   Vous avez un phone pour moi?

2. What information will the man at the main desk need?

   ~~Komment appellez~~ ~~ro~~ ~~cappelle~~ ~~ro~~ ~~los appelez~~ ~~vous~~. _Comment vous appellez-vous?_

 B. À l'écoute. First, listen to the conversation once or twice without writing. Keep in mind who the characters are, where they are, and what they are doing, to predict what they will say and understand them better. Then, write the missing parts in the blank spaces provided. Finally, reread what you have written to check spelling and grammar.

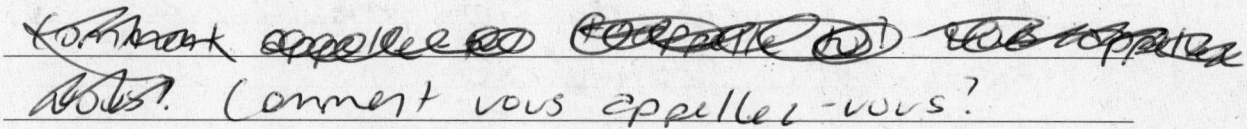

JEAN-PIERRE:	Bonjour, _monsieur_. Vous _avez_ une lettre _pour moi_?
L'EMPLOYÉ:	Comment _vous appelle-vous s'il vous plaît_
JEAN-PIERRE:	Jean-Pierre Schloenhoffen.
L'EMPLOYÉ:	Comment _est-ce qu'on écrit votre nom_ ?
JEAN-PIERRE:	_J . e . a . . . . _
L'EMPLOYÉ:	Non, non, _votre_ _monsieur Votre_ _nom de famille, s'il vous plaît_.
JEAN-PIERRE:	S.C.H.L.O.E.N.H.O.F.F.E.N.
L'EMPLOYÉ:	Schloenhoffen. Ah, _non monsieur_. _Il n'y a pas de lettre pour vous_.

Chapitre 4: LAB MANUAL **189**

Activité 2: À vous

Close your text before doing this activity. Respond orally and in writing. You will hear each question twice. After the question is repeated, you will have time to respond. When you finish, check your comprehension of the questions on page 116 of your text.

1. Il est blue. C'est un pull bleu
2. Je porte un pull et un pantalon en class d'habit...
3. Je ~~porte~~ aime porte un tee-shirt
4. Les yeux de votre meilleur amie est noire
5.
6. Les cheveux de votre meilleur amie est noire
7. Je fait les vaiselle
8. Je désire être médicine
9. Elle désire ~~porte~~ être ingénieur

7. Ma mère fait le menage et mon pere la cuisine.

Chapitre 5 *Quoi de neuf?*

Partie A: Prononciation

Liaisons

Read the pronunciation section for Chapter 5 of *Entre amis* and listen to the following short sentences. Then: (a) mark all the liaisons you hear by placing a ‿ under the words that need to be connected; and (b) repeat after the audio, trying to reproduce all the liaisons you hear. After you repeat each sentence, you will hear it again.

❑ You hear:

|z| |z|

Nous‿allons‿à la plage.

You write: Nous‿allons‿à la plage.

|z| |z|

You say: **Nous‿allons‿à la plage.**

1. Vous avez faim, les enfants?

2. Est-elle arrivée en avance?

3. Ils ont rendez-vous à deux heures.

4. Je vais au cinéma avec mon ami Étienne.

5. En Amérique, la voiture est très importante.

Partie B: Compréhension

Activité 1: Connaissez-vous la ville?

Study the map on page 192. Then listen to the statements about the city. Check the appropriate response.

	vrai	*faux*		*vrai*	*faux*
1.	______	______	4.	______	______
2.	______	______	5.	______	______
3.	______	______	6.	______	______

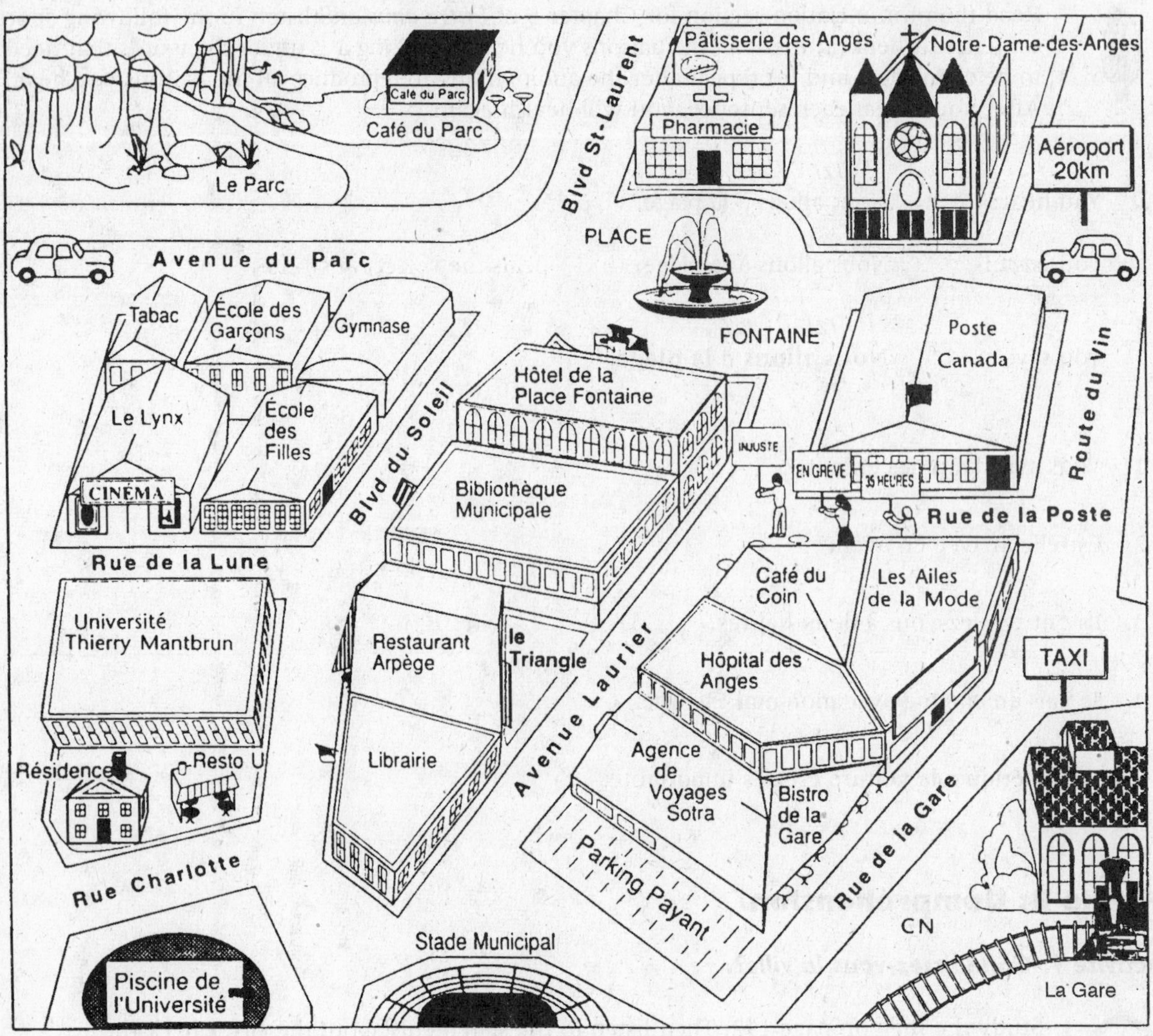

Café du Parc
Café du Parc
Le Parc
Blvd St-Laurent
Pâtisserie des Anges
Pharmacie
Notre-Dame-des-Anges
Aéroport 20km
PLACE
Avenue du Parc
Tabac
École des Garçons
Gymnase
FONTAINE
Poste Canada
Route du Vin
Le Lynx
École des Filles
CINÉMA
Blvd du Soleil
Hôtel de la Place Fontaine
Bibliothèque Municipale
INJUSTE
EN GRÈVE
35 HEURES
Rue de la Poste
Rue de la Lune
Café du Coin
Les Ailes de la Mode
Université Thierry Mantbrun
Restaurant Arpège
le Triangle
Avenue Laurier
Hôpital des Anges
TAXI
Résidence
Resto U
Librairie
Agence de Voyages Sotra
Bistro de la Gare
Rue de la Gare
Parking Payant
Rue Charlotte
Stade Municipal
CN
Piscine de l'Université
La Gare

Activité 2: Es-tu libre vendredi après-midi?

A. Answer the questions you will hear about your college experiences. Stop the audio after each question to write your answers.

1. ______________________________

2. ______________________________

3. ______________________________

B. Three friends intend to study together for their midterm exam. They need to find a day and a time when they are all free. Listen to their conversation. Put an X in the box for any time when a person is *not* free.

	Philippe	*Véronique*	*Claudine*
jeudi matin			
jeudi après-midi			
jeudi soir			

C. Listen to the conversation again. Now you will hear three questions based on the conversation. Answer the questions aloud during the pauses. You can refer to the chart in part B to help. Then listen as the speaker repeats the correct answers.

Activité 3: *Votre vol (flight) arrive*

A. You are at Charles de Gaulle airport in Paris, waiting for your friend to arrive from Rome. Listen as various flights are announced, and complete the "board of arrivals" below.

heure	*arrivées*	*numéro de vol*
19 h 37		vol 36
	Dakar	vol 52
20 h 20	Bruxelles	
	Montréal	vol 27
	Rome	

B. Now indicate whether the statements you hear are true or false, based on the table you have just completed.

    vrai   **faux**

1. _____   _____

2. _____   _____

3. _____   _____

4. _____   _____

5. _____   _____

Chapitre 5: LAB MANUAL   **193**

Activité 4: *On y va?*

 Listen to each conversation, and circle the logical choice of locations.

1. au cinéma   au théâtre
2. au gymnase   à la piscine
3. à la librairie   à la bibliothèque
4. à la maison   dans un hôtel
5. à la gare   à l'aéroport

Activité 5: *Fais ce que tu dois*

 Check the appropriate column to indicate whether each statement expresses obligation, probability, or debt.

	obligation	*probabilité*	*dette*
1.			
2.			
3.			
4.			
5.			
6.			

Partie C: En contexte

Activité 1: *Vignette*

Two Québécois are discussing a trip one of them is going to take.

 **A. Avant d'écouter.** Before listening, try to give at least one French expression for each of the following.

1. Where might the person be going?

_____

2. Once the location is known, what other questions might be asked?

   _____

   _____

3. What would one say to find out where the city of Gray is located?

   _____

 B. À l'écoute. First, listen to the conversation once or twice without writing. Keep in mind who the characters are, where they are, and what they are doing, to predict what they will say and understand them better. Then, write the missing parts in the blank spaces provided. Finally, reread what you have written to check spelling and grammar.

MARIE: Alors, _____?

GUY: Je _____ France.

MARIE: Quand _____ tu _____?

GUY: Dans _____.

MARIE: Et _____ France?

GUY: Je _____ et

je _____.

MARIE: Où _____, ton ami?

GUY: À Gray.

MARIE: Et _____ Gray?

GUY: C'_____ Dijon.

MARIE: Eh bien, bon voyage!

Activité 2: À vous

Close your text before doing this activity. Respond orally and in writing. You will hear each question twice. After the question is repeated, you will have time to respond. When you finish, check your comprehension of the questions on page 147 of your text.

1. _____

2. _____

3. _____

4. _____

5. _____

6. _____

7. _____

8. _____

Chapitre **6** *Vos activités*

Partie A: Prononciation

 A. [y] ou [u]? Read the pronunciation section for Chapter 6 of *Entre amis,* and listen to the words to determine whether they contain a [y] or a [u] sound.

	[y]	[u]
❏		X
1.		
2.		
3.		
4.		
5.		
6.		
7.		
8.		
9.		
10.		

 **B.** Listen to the following sentences and repeat them as faithfully as possible. After you repeat each sentence, you will hear it again.

Partie B: Compréhension

Activité 1: Un week-end actif

 A. In this activity, you will find out how three roommates spent their weekend. Pay attention to their names, how late they slept, and what they read. Listen and fill in the blanks. You may want to listen to the recording more than once.

1. Chantal n'a pas lu de _____.

2. La personne qui a dormi jusqu'à *(until)* _____ a lu _____.

3. Caroline ne lit jamais de _____.

4. La personne qui a dormi jusqu'à _____ n'a pas lu de roman.

5. Caroline s'est réveillée *(woke up)* avant _____.

6. Catherine trouve le théâtre extraordinaire. Elle _____ beaucoup de pièces pour sa classe de Shakespeare.

7. La personne qui a lu _____ déteste se lever tard.

8. _____ a passé la matinée à lire de la fiction.

9. _____ a consulté son horoscope samedi matin.

10. _____ s'est réveillée après Catherine.

 **B.** Here is a different way of looking at the information you heard in part A. Review the sentences in part A and study the charts below. Then use this information to decide whether the statements below are true or false.

	7 h 40	9 h 45	12 h 00
Chantal	x	x	✓
Caroline	✓	x	x
Catherine	x	✓	x

	roman	pièce	journal
Chantal	✓	x	x
Caroline	x	x	✓
Catherine	x	✓	x

	7 h 40	9 h 45	12 h 00
roman	x	x	✓
pièce	x	✓	x
journal	✓	x	x

Vrai ou faux?

_____ 1. La personne qui a lu un roman a dormi jusqu'à midi.

_____ 2. La personne qui aime se réveiller très tôt a lu le journal.

_____ 3. Catherine, qui a dormi jusqu'à 9 h 45, a lu une pièce.

Activité 2: Où est mon tuba?

 A. Listen to the following French definitions of the word **tuba.** Note that both meanings of the word are pronounced the same. Can you give their English equivalents?

un tuba: un instrument à vent

En anglais, c'est un _____.

un tuba: un instrument pour respirer

En anglais, c'est un _____.

B. Listen to the following conversation and fill in the missing words.

MARC: Qu'est-ce que tu fais?

PHILIPPE: Je vais à la plage *(beach)* avec _____.

MARC: Mais où est _____?

PHILIPPE: Mon masque? Pour _____?

MARC: Mais oui! Et tu ne vas pas faire cela tout seul?

PHILIPPE: _____?

MARC: C'est dangereux!

 **C.** Refer to your notes in Activity B, above. Listen again to the recording. This time, when you hear Marc's lines, respond during the pause with Philippe's lines. Then listen as the speaker repeats Philippe's lines to check your answers.

 D. Can you imagine Philippe's final comment?

PHILIPPE: _____

Activité 3: *Tu as vu Elvis?*

 A. Some friends have decided to start a band. Listen to the conversation and circle the instrument needed to complete their group.

    un saxophone   une batterie   un piano   une guitare

 B. Listen carefully and then circle the name of the *last* member to join the group.

    Joe   Évelyne   Luc   Robert

 C. Listen further to find out which style of music the group hasn't tried yet. Circle your answer.

    le rock   le jazz   le reggae   le pop

Activité 4: Un vieux champion

 **A.** Read over the following statements and decide whether you agree or disagree.

1. Les athlètes professionnels pratiquent tous les jours.

_____ d'accord   _____ pas d'accord

2. La plupart des sports sont des sports d'équipe *(team)*.

_____ d'accord   _____ pas d'accord

3. L'âge typique d'un athlète professionnel est 25 ans.

_____ d'accord   _____ pas d'accord

B. You are listening to a game show. Two panelists will ask questions to determine in which game the contestant, Monsieur Delardier, won his championship. Listen carefully and take notes. You may want to listen to this conversation more than once.

_____

_____

_____

_____

_____

C. Listen to the following questions and circle the correct answers.

1. (a) vrai   (b) faux

2. (a) vrai   (b) faux

3. (a) une personne   (b) une équipe   (c) les deux: (a) *et* (b)

4. (a) aux échecs   (b) à la pétanque   (c) à l'un *ou* à l'autre: (a) *ou* (b)

Partie C: En contexte

Activité 1: Vignette

One man is explaining to another why he is tired.

 **A. Avant d'écouter.** Before listening, try to give at least one French expression for each of the following.

1. How would a friend ask what you did?

   _____

2. What are some typical things one might have done at home?

   _____

   _____

 B. À l'écoute. First, listen to the conversation once or twice without writing. Keep in mind who the characters are, where they are, and what they are doing, to predict what they will say and understand them better. Then, write the missing parts in the blank spaces provided. Finally, reread what you have written to check spelling and grammar.

PAUL: Tu _____, hein?

JEAN: Oui, _____.

PAUL: Qu'_____ fait?

JEAN: J'_____. Ce matin _____

_____ électroniques et _____. Puis

_____ et _____ mangé. Ensuite

_____.

Enfin, _____.

PAUL: Mon dieu! Tu _____.

JEAN: Oui, mais _____, et

demain je _____.

Activité 2: À vous

Close your text before doing this activity. Respond orally and in writing. You will hear each question twice. After the question is repeated, you will have time to respond. When you finish, check your comprehension of the questions on page 177 of your text.

1. _____
2. _____
3. _____
4. _____
5. _____
6. _____
7. _____
8. _____

Chapitre 7 Où êtes-vous allé(e)?

Partie A: Prononciation

 A. [ɔ] ou [o]? Read the pronunciation section for Chapter 7 of *Entre amis* and listen to the words to determine whether they contain an [ɔ] or an [o] sound.

	[ɔ]	[o]
❏	X	
1.		
2.		
3.		
4.		
5.		
6.		
7.		
8.		
9.		
10.		

 **B.** Repeat the following pairs of words, paying particular attention to the [ɔ] / [o] difference. After you repeat each pair of words, you will hear them again.

1. bol / beau
2. comme / Côme
3. motte / mot

4. votre / vôtre
5. hotte / haute

Partie B: Compréhension

Activité 1: Quel temps fait-il?

 A. Look over the statements below. On the map on the next page, find the cities mentioned. Based on the weather today in each city, do you think the following statements are logical or not? Write **oui** or **non** before each statement.

1. _____ Marc vient de Nantes, où il faut porter un imperméable aujourd'hui.

2. _____ Nicolas vient de Paris, où on est obligé de faire attention à son chapeau aujourd'hui.

3. _____ Dominique vient de Grenoble, où on va nager dans l'océan aujourd'hui.

4. _____ Camille vient de Bordeaux, où on porte un tee-shirt quand on sort aujourd'hui.

5. _____ Laurence vient de Marseille, où on va skier et patiner aujourd'hui.

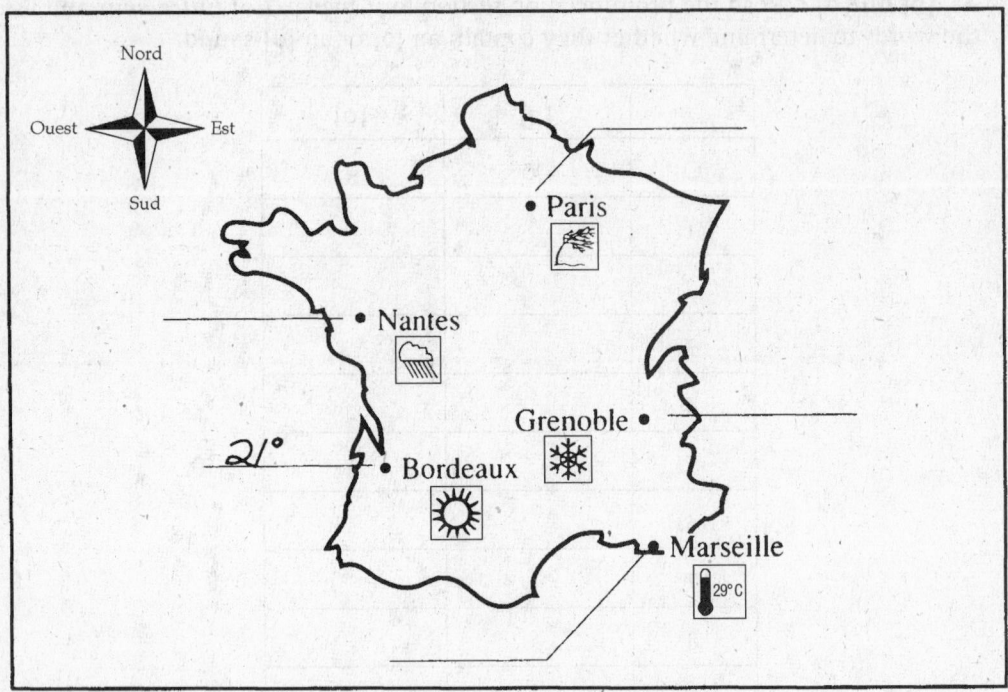

 B. Now listen to the weather report. It will be read rather quickly, as you would hear it on a radio program, so you may need to play it more than once. Write the temperatures next to each city on the map above. Do not write out the word, just the number. The first one is done for you as a model.

 **C.** For each of the cities you heard mentioned in the weather report, write the temperature in the Celsius column, below. Then, using the thermometer, spell out the corresponding Fahrenheit temperatures. The first one is done for you.

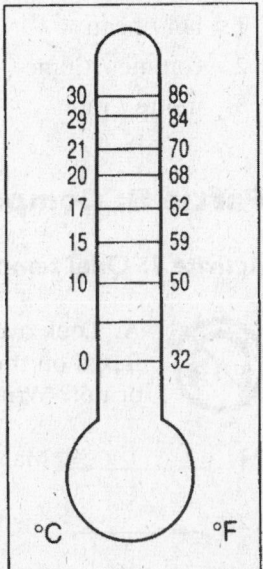

Ville	Celsius	Fahrenheit
☐ Bordeaux	21°	*soixante-dix degrés*
Marseille		
Nantes		
Grenoble		
Paris		

Activité 2: Connaissez-vous le monde?

 A. You are a journalist writing an article about a famous explorer for the newspaper *Le Figaro*. Sir Edmond Hill has just returned from a trip around the world when he agrees to be interviewed. Listen to the interview and take notes on all the significant information in the categories listed below.

Qui? _____

Quoi? _____

Où? _____

Pourquoi? _____

Quand? _____

Comment? _____

 **B.** Read over the following article that you will submit to *Le Figaro*. Use your notes to fill in the missing information. You may want to listen to the interview again.

Sir Edmond complète son tour

Le célèbre explorateur, Sir Edmond Hill, vient de rentrer d'un _____ autour du

monde. Hill et ses guides sont partis le 26 _____ pour le Temple de Lao-Chung,

en Chine. Ils y ont passé seulement quelques jours avant d'aller _____. Ils y

_____ un mois. À la fin du _____, Hill a été obligé de

terminer son voyage parce que ses guides ne désiraient pas continuer.

Activité 3: Le chemin des suspects

 A. A private detective, Michèle Saitout, is working for three different clients. She follows the three people she has been hired to observe. Listen to her tape-recorded observations and, using the map on page 206, trace the path of each suspect through town.

Personne numéro un: use a dotted line (.................) to trace this route on the map.

Personne numéro deux: use arrows (→ → → →) to trace this route on the map.

Personne numéro trois: use a solid line (_____) to trace this route on the map.

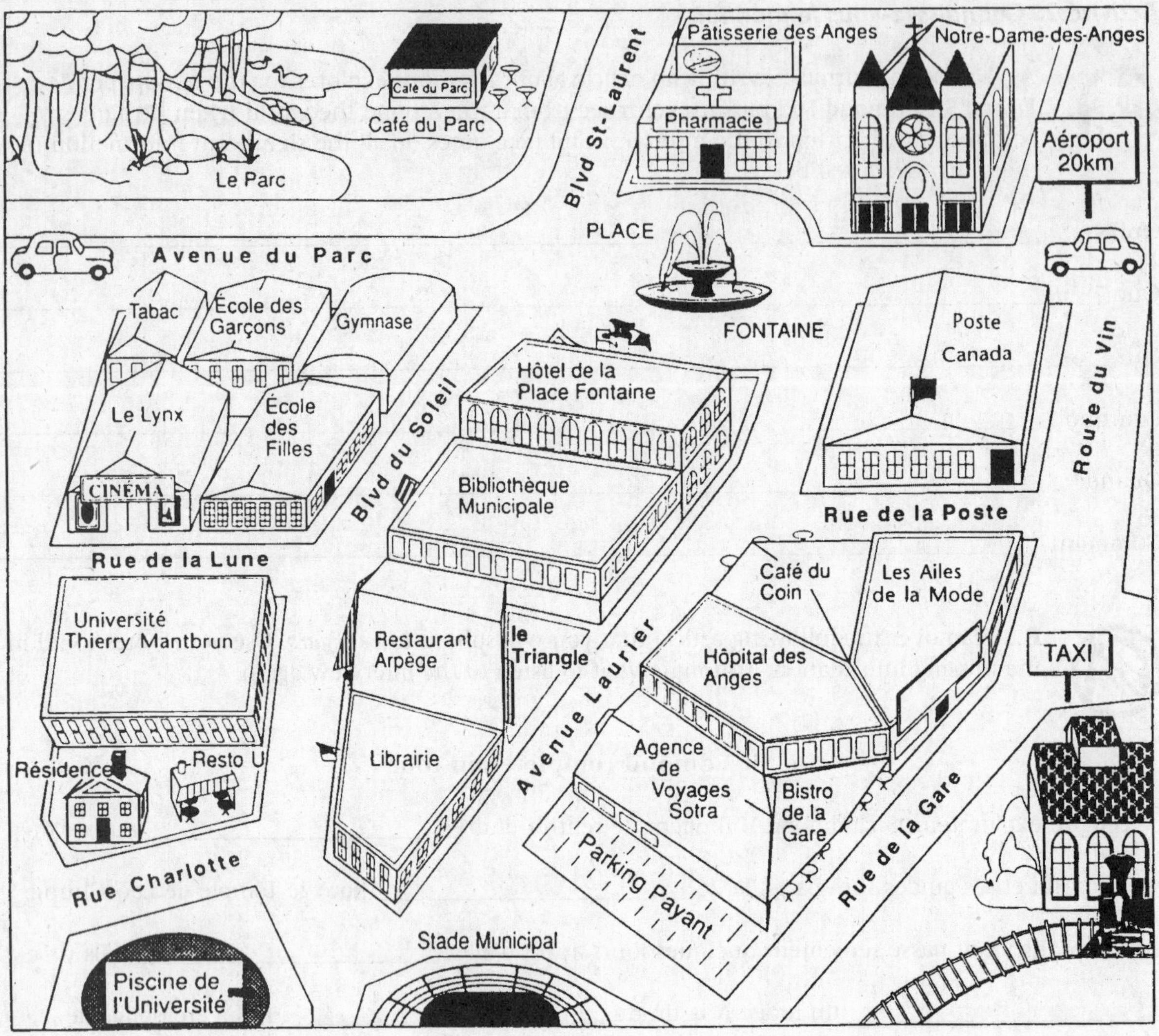

Map labels:

Café du Parc

Le Parc

Blvd St-Laurent

Pâtisserie des Anges

Pharmacie

Notre-Dame-des-Anges

Aéroport 20km

PLACE

FONTAINE

Avenue du Parc

Tabac

École des Garçons

Gymnase

Le Lynx

École des Filles

CINÉMA

Rue de la Lune

Blvd du Soleil

Hôtel de la Place Fontaine

Bibliothèque Municipale

Poste Canada

Rue de la Poste

Route du Vin

Université Thierry Mantbrun

Restaurant Arpège

le Triangle

Avenue Laurier

Café du Coin

Les Ailes de la Mode

Hôpital des Anges

TAXI

Résidence

Resto U

Librairie

Agence de Voyages Sotra

Bistro de la Gare

Rue de la Gare

Rue Charlotte

Parking Payant

Piscine de l'Université

Stade Municipal

B. Listen again to the detective's tape-recorded observations. This time, use the cards below to take notes.

Numéro Un

Qui? _____

Où? Point de départ _____

Destination _____

Quand?   Jour _____

           Heure _____

           Date _____

Numéro Deux

Qui? _____

Où? Point de départ _____

Destination _____

Quand?   Jour _____

                Heure _____

                Date _____

Numéro Trois

Qui? _____

Où? Point de départ _____

Destination _____

Quand?   Jour _____

                Heure _____

                Date _____

C. Imagine that you are the private detective. Refer to the card for the third suspect and leave a phone message for your client. Use all the information you noted on the third card, above. After you have finished your message, you will hear a model and have a chance to try your message again if you like.

MESSAGE: _____

_____

_____

_____

_____

Partie C: En contexte

Activité 1: Vignette

Sophie and Monique are discussing a new person in Sophie's life.

 **A. Avant d'écouter.** Before listening, try to give at least one French expression for each of the following.

1. How would Sophie say that she just had lunch?

   _____

2. Who might the new person be?

   _____

 B. À l'écoute. First, listen to the conversation once or twice without writing. Keep in mind who the characters are, where they are, and what they are doing, to predict what they will say and understand them better. Then, write the missing parts in the blank spaces provided. Finally, reread what you have written to check spelling and grammar.

SOPHIE: _____, Monique!

MONIQUE: _____, Sophie. _____?

SOPHIE: Je _____ homme charmant.

MONIQUE: Non?! Où _____?

SOPHIE: Dans _____ chinois.

J'_____ chinoise.

MONIQUE: Et qui _____ charmant?

SOPHIE: C'est _____ frère. Nous _____ déjà

_____ il y a _____.

MONIQUE: Alors, ça _____ sérieux?

SOPHIE: Je _____.

Activité 2: À vous

Close your text before doing this activity. Respond orally and in writing. You will hear each question twice. After the question is repeated, you will have time to respond. When you finish, check your comprehension of the questions on page 204 of your text.

1. _____

2. _____

3. _____

4. _____

5. _____

6. _____

7. _____

8. _____

Chapitre **8** *On mange bien en France*

Partie A: Prononciation

Activité 1: [s] / [z] et [ʃ] / [ʒ]

Read the pronunciation section for Chapter 8 of *Entre amis*. Listen to the words to determine which ones contain an [s] or a [z], a [ʃ] or a [ʒ] sound. *Attention!* Some words may contain more than one of these sounds!

	[s]	[z]	[ʃ]	[ʒ]
❑	X			
1.				
2.				
3.				
4.				
5.				
6.				
7.				
8.				
9.				
10.				

Activité 2: [g] ou [ʒ]?

Look at the following words and pronounce them for yourself. Then, listening to the same words, decide whether you were right or wrong.

❑	You see:	regarder
	You say:	**regarder**
	You hear:	regarder

1. voyager
2. église
3. gymnase
4. gentille
5. guitare

6. grimper
7. partageons
8. Sénégal
9. ménage
10. gauche

Chapitre 8: LAB MANUAL

Partie B: Compréhension

Activité 1: Quelle est la bonne réponse?

 For each item, you see two choices. Listen to the question or statement and say the appropriate choice. Then listen to the speaker to check your answers.

1. a. Non, merci, je n'ai pas soif.

   b. Non, merci, je n'ai pas faim.

2. a. Oui, j'ai sommeil.

   b. Oui, vous avez très sommeil.

3. a. La température est de 32° C.

   b. La température est de 0° C.

4. a. D'accord, maman, tu as raison.

   b. Mais non, maman, tu as tort.

5. a. Je n'ai pas envie d'y aller—j'en ai peur.

   b. Je n'ai pas envie d'y aller—j'ai sommeil.

6. a. Je veux bien.

   b. Je vous en prie.

Activité 2: À la fortune du pot

 Stacie, an American student in France, invites the members of her choir to a potluck supper at her house before their next concert. They offer to bring various dishes. Listen as the members of the choir discuss what they are going to make for the dinner.

Les hors-d'œuvre. Check off the ingredients that Pascale and Georges will *not* have to buy to prepare their appetizer.

_____ du brocoli   _____ des concombres

_____ des carottes   _____ des oignons

_____ du céleri   _____ des olives

_____ des champignons   _____ des tomates

Le plat principal. Check off the ingredients that Richard and Martin *need* to buy to prepare the main course.

_____ du lapin *(rabbit)*   _____ de l'ail

_____ du beurre   _____ de la crème fraîche

_____ du thym   _____ de la moutarde

Le dessert. What will Sam and Anne bring for dessert? Check the correct items.

_____ des bonbons   _____ de la glace

_____ du fromage   _____ de la pâtisserie

_____ des fruits

Le vin. What wine will be served with each course? Draw a line to match each wine with the course with which it will be served. NOTE: One of the wines is served with two different courses.

vin	*plats*
du beaujolais	des amuse-gueules *(cocktail snacks, such as nuts, chips, or crackers)*
du champagne	des hors-d'œuvre
du bordeaux	le plat principal
	le dessert

Activité 3: Vous en voulez combien?

 Listen to the descriptions of the following situations. Decide how much or how many of the items mentioned each person needs. Circle your answers.

1. trop de croissants   peu de croissants

2. une douzaine d'œufs   deux œufs

3. une tranche de jambon   une assiette de jambon

4. une bouteille de vin   un verre de vin

5. une boîte de petits pois   une douzaine de petits pois

Partie C: En contexte

Activité 1: Vignette

A lady is ordering a meal in a restaurant.

 **A. Avant d'écouter.** Before listening, try to give at least one French expression for each of the following.

1. What will the waiter probably say when he comes over to her table?

_____

2. Name three kinds of vegetables that she might order.

_____

B. À l'écoute. First, listen to the conversation once or twice without writing. Keep in mind who the characters are, where they are, and what they are doing, to predict what they will say and understand them better. Then, write the missing parts in the blank spaces provided. Finally, reread what you have written to check spelling and grammar.

Le serveur:	Vous _____, Madame?
Mme Verdier:	Oui, je _____.
Le serveur:	_____ aussi _____?
Mme Verdier:	_____, pas ce soir. Est-ce que _____?
Le serveur:	_____ est _____.
Mme Verdier:	Alors, _____ aussi _____.
Le serveur:	Et comme _____?
Mme Verdier:	Des _____ et des _____, s'il vous plaît.
Le serveur:	_____.

Activité 2: À vous

Close your text before doing this activity. Respond orally and in writing. You will hear each question twice. After the question is repeated, you will have time to respond. When you finish, check your comprehension of the questions on page 234 of your text.

1. _____

2. _____

3. _____

4. _____

5. _____

6. _____

7. _____

8. _____

9. _____

10. _____

11. _____

Chapitre **9** *Où est-ce qu'on l'achète?*

Partie A: Prononciation

Le son [R]. Read the pronunciation section for Chapter 9 of *Entre amis.* Then say the words listed below after you hear the exercise number, listen to the words on the recording, and repeat what you hear.

❑   You hear: 1

You say: **rouge**

You hear: rouge

You repeat: **rouge**

1. rouge
2. propre
3. Robert
4. la gare
5. le grade

6. la droite
7. mon frère
8. quatre
9. je crois
10. bonjour

Partie B: Compréhension

Activité 1: Mais c'est trop cher!

A. Alix stops at a different shop each day on her way home from the subway. Listen to the following snatches of conversation she overheard in the shops last week. See if you can guess which type of shop she visited each day. Write your answer in column 1 (*où?*) of the chart below. The first one is done for you.

jour	où?	quoi?	prix?
lundi	*la boulangerie*	*des croissants*	*80 centimes/pièces*
mardi			
mercredi			
jeudi			
vendredi			

B. Now listen again to the five merchants. In column 2 of the chart above, note the products that are being sold in each shop. In column 3, note how much each product costs per unit. Write this information in the chart above. Again, the first one is done for you.

C. Refer to the chart that you filled in above. You will hear questions about the shops, products, and prices. When you hear each question, say the complete answer. Then listen to the speaker repeat the correct answer.

Activité 2: Chez le docteur

 Doctors have to be knowledgeable about statistics and symptoms. If you were a doctor, how would you identify the following medical conditions? Look at each pair below, listen to the statements, and circle your choice.

1. le SIDA *(AIDS)*   ou   la bronchite

2. la varicelle *(chicken pox)*   ou   une crise cardiaque

3. le cancer   ou   la pneumonie

4. un rhume   ou   la rougeole *(measles)*

5. une angine *(strep throat)*   ou   le cancer

6. mal à la gorge   ou   mal aux pieds

Activité 3: La loterie anatomique

 **A.** Study the drawing of the person you see, as well as the "game board" that follows. Write the name of the body part you see in each square of the game board.

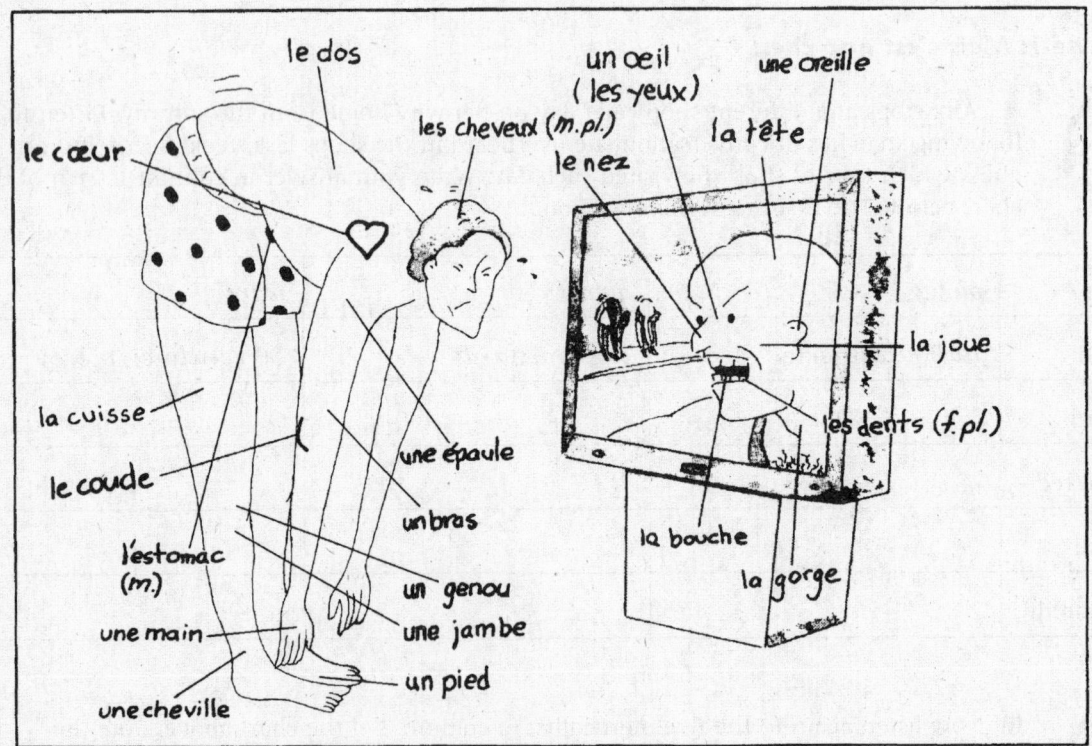

_____	_____	_____	LIBRE	_____
LIBRE	_____	_____	_____	_____
_____	_____	LIBRE	_____	_____
_____	_____	_____	_____	LIBRE
_____	LIBRE	_____	_____	_____

B. Now listen as various body parts are described. For each description you hear, find the corresponding square on the game board and put an "X" on it. When you have crossed out an entire horizontal, vertical, or diagonal line, you are a winner!

Chapitre 9: LAB MANUAL

Activité 4: Dessinez (Draw) une personne!

 You will be given directions to draw a person. Listen and draw each body part or feature of the person as directed. You may wish to stop the audio after each direction.

❑ Dessinez un corps assez long.

Partie C: En contexte

Activité 1: Vignette

A French narrator explains the difference between **la pharmacie** and **le bureau de tabac.**

A. Avant d'écouter. Before listening, try to give at least one French expression for each of the following.

1. Name two things that are found in a French **pharmacie** and one thing that is not found there.

   _____

2. Name two things that are found in a French **bureau de tabac** and one thing that is not found there.

   _____

B. À l'écoute. First, listen to the conversation once or twice without writing. Keep in mind that you are comparing two places you have already studied. That should help you to predict some of what the speaker will say. Then, write the missing parts in the blank spaces provided. Finally, reread what you have written to check spelling and grammar.

En France, _____

journaux. Aux _____ on _____ acheter des journaux

_____. Si _____ timbres

_____ France, ou si _____

_____ journal ou _____,

il faut _____. On _____ aussi _____

_____, mais _____ médicaments.

Activité 2: À vous

Close your text before doing this activity. Respond orally and in writing. You will hear each question twice. After the question is repeated, you will have time to respond. When you finish, check your comprehension of the questions on page 262 of your text.

1. _____

2. _____

3. _____

4. _____

5. _____

6. _____

7. _____

8. _____

Chapitre 10 *Dans la rue et sur la route*

Partie A: Prononciation

A. h muet et h aspiré. Read the pronunciation section for Chapter 10 of *Entre amis* and listen to the words to determine which ones contain a mute [h] or an aspirate [h] sound.

❑ You hear: l'heure
  You check: **h muet**

	h *muet*	h *aspiré*
❑	X	
1.		
2.		
3.		
4.		
5.		
6.		
7.		
8.		
9.		
10.		

B. After you hear the exercise number, say the corresponding words below. Listen to the words on the audio. Then repeat what you hear.

1. les huit enfants
2. les haricots verts
3. la bibliothèque
4. C'est un homme qui est heureux.
5. D'habitude, je bois du thé à deux heures.

Partie B: Compréhension

Activité 1: Mais c'est vrai!

 A. French teachers hear a lot of excuses from students who haven't done their homework. Imagine that you are the teacher listening to students offer their excuses. Which excuses are you going to accept? Which are unacceptable? Mark your answers below.

	acceptable	pas acceptable			acceptable	pas acceptable
1.	_____	_____		4.	_____	_____
2.	_____	_____		5.	_____	_____
3.	_____	_____				

 B. Now imagine that you are a parent and that dinner is ready. You call your children to the table, but none of them is willing to come. They're all playing videogames. Which excuses are you going to accept?

	acceptable	pas acceptable			acceptable	pas acceptable
1.	_____	_____		4.	_____	_____
2.	_____	_____		5.	_____	_____
3.	_____	_____				

 C. Imagine you have a roommate who hates cleaning up. S/he offers you numerous excuses for not cleaning the apartment. Which are you going to accept?

	acceptable	pas acceptable			acceptable	pas acceptable
1.	_____	_____		4.	_____	_____
2.	_____	_____		5.	_____	_____
3.	_____	_____				

 D. Imagine that you are the owner of a small company. Some of your employees always arrive late to work. Which of their excuses are you going to accept?

	acceptable	pas acceptable			acceptable	pas acceptable
1.	_____	_____		4.	_____	_____
2.	_____	_____		5.	_____	_____
3.	_____	_____				

Activité 2: Mais c'est vrai! (suite)

A. Now you will have a chance to hear and repeat one excuse from each group in Activity 1. When you hear the excuse, repeat it during the pause, trying to sound as much like the speaker as you can to make your excuse believable. You'll have a chance to hear and say each one twice.

1. —Où sont tes devoirs?

   —_____.

2. —À table!

   —_____.

3. —Quand vas-tu faire le ménage?

   —_____.

4. —Simonet, vous êtes en retard pour la troisième fois cette semaine!

   —_____.

B. Listen again to the excuses made by various people in Activity 1. Which ones have you used yourself in similar situations? Put a check in the appropriate box.

	jamais	une fois	plus d'une fois	souvent
A. 1.				
2.				
3.				
4.				
5.				

	jamais	une fois	plus d'une fois	souvent
B. 1.				
2.				
3.				
4.				
5.				

	jamais	*une fois*	*plus d'une fois*	*souvent*
C. 1.				
2.				
3.				
4.				
5.				

	jamais	*une fois*	*plus d'une fois*	*souvent*
D. 1.				
2.				
3.				
4.				
5.				

Activité 3: *Qu'est-ce qu'il a dit?*

You are at a party. As you wander from group to group, you hear snatches of conversation. What are all these people talking about? Listen carefully and circle your answer.

❑ (le mari de Jacqueline)

    les parents de Jacqueline

    les sœurs de Jacqueline

1. un pantalon	2. des escargots	3. une maison	4. le coca
une cravate	une tarte	une voiture	le thé
des lunettes de soleil	du gruyère	un ordinateur	la bière

Activité 4: *Qu'est-ce que vous suggérez?*

A. Everyone loves to give advice. Listen to the following pieces of advice and decide who is most likely to be *giving* them to you. Circle your answer.

1. a. votre père   b. votre professeur

2. a. votre mari (votre femme)   b. votre petite sœur

3. a. votre camarade de chambre   b. votre mère

4. a. votre petit frère   b. votre frère aîné *(older)*

B. Now decide who might be on the *receiving* end of the following pieces of advice.

1. a. votre père   b. votre professeur

2. a. votre mari (votre femme)   b. votre petite sœur

3. a. votre camarade de chambre   b. votre mère

4. a. votre secrétaire   b. un agent de police

Partie C: En contexte

Activité 1: Vignette

A mother and her son are in the family car.

 **A. Avant d'écouter.** Before listening, try to give at least one French expression for each of the following.

1. How might she ask him if he wants to drive?

   _____

2. What might he say to request that she not speak while he drives?

   _____

 B. À l'écoute. First, listen to the conversation once or twice without writing. Keep in mind who the characters are, where they are, and what they are doing, to predict what they will say and understand them better. Then, write the missing parts in the blank spaces provided. Finally, reread what you have written to check spelling and grammar.

MÈRE:	Tu _____?
FILS:	Pas _____. Parce _____
	quand _____.
MÈRE:	_____ apprendre si
	_____?
FILS:	_____. Je _____.
	Mais _____.
MÈRE:	Moi? _____.
FILS:	Maman! _____! Je _____.

Activité 2: À vous

Close your text before doing this activity. Respond orally and in writing. You will hear each question twice. After the question is repeated, you will have time to respond. When you finish, check your comprehension of the questions on page 289 of your text.

1. _____

2. _____

3. _____

4. _____

5. _____

6. _____

7. _____

Chapitre 11 *Comme si c'était hier*

Partie A: Prononciation

 A. [i] et [j]. Read the pronunciation section for Chapter 11 of *Entre amis* and listen to the words to determine which ones contain an [i] or a [j] sound.

	[i]	[j]
❑		X
1.		
2.		
3.		
4.		
5.		
6.		
7.		
8.		
9.		
10.		

 **B.** Pronounce the following words correctly, then listen to the audio and repeat.

1. Sylvie

2. pâtisserie

3. il travaille

4. un conseil

5. principal

6. gentil

7. gentille

8. une bouteille

9. mille

10. tranquille

Partie B: Compréhension

Activité 1: Contes de notre enfance

Do you know these writers by name? Put a check to the left of those that you have heard of. To the right, give the letter of the type of literature for which each is famous (there may be more than one author for a certain type of literature).

_____ les frères Grimm _____

_____ Ésope _____

_____ La Fontaine _____

_____ Perrault _____

a. les fables

b. les romans policiers

c. les contes de fées *(fairy tales)*

d. les bandes dessinées

Activité 2: Il était une fois ... *(Once upon a time ...)*

A. You will hear a series of clues. Listen and decide to which famous story each clue refers. Circle your answer.

1. a. Les Trois Petits Cochons *(pigs)*

   b. Le Petit Chaperon rouge

2. a. Cendrillon

   b. Blanche-Neige

3. a. La Belle au bois dormant

   b. Le Lièvre *(hare)* et la Tortue

4. a. Alice au pays des merveilles

   b. La Belle et la Bête

B. Study the names of the eight stories listed in Part A, above. Read the following descriptions and decide which story includes the character being described. Write the number and letter of the story in the appropriate space.

_____ 1. C'est elle qui marche le moins vite.

_____ 2. Pour elle, ça devient de plus en plus curieux.

_____ 3. D'après le miroir, c'est la plus belle femme du monde.

_____ 4. Sa maison est plus solide que les maisons de ses frères.

_____ 5. Elle possède moins de choses que ses sœurs et elle travaille plus.

_____ 6. Il a les plus grands yeux et les plus longues dents.

Activité 3: Le Petit Chaperon rouge (Little Red Riding Hood)

 A. You are probably familiar with the fairy tale of *Little Red Riding Hood*. Before listening to the first part of the story, study the following list of words. These will help your understanding of the story. Then turn on the audio, listen to Part A, and answer the questions below.

Mots utiles

un capuchon *hood*	un loup *wolf*
par conséquent *as a result*	dévorer *to devour*
un bois *woods*	le chemin *way, path*
une chaumière *cottage*	une fleur *flower*
rencontrer *to meet*	

1. Le Petit Chaperon rouge allait chez sa grand-mère ...

   a. quand elle a rencontré le loup.

   b. pour lui rendre visite parce qu'elle était malade.

   c. **a** et **b**

2. Le loup attendait le Petit Chaperon rouge ...

   a. devant sa maison.

   b. dans la forêt.

   c. chez le bûcheron *(woodcutter)*.

3. Qu'est-ce que le Petit Chaperon rouge apportait à sa grand-mère?

   _____

 B. Before listening to the second part of the story, study the following list of words. After listening to Part B, turn off the audio and answer the questions below.

Chapitre 11: LAB MANUAL

Mots utiles

se mettre au lit   *to climb into bed*
avoir un air étrange   *to look strange*
voir   *to see*
sauter   *to jump*
attraper   *to catch*

1. Le loup a dévoré ...

    a. la grand-mère.

    b. le Petit Chaperon rouge.

    c. **a** et **b**

2. Le Petit Chaperon rouge a remarqué que sa «grand-mère» (le loup) avait de grand(e)s ...

    a. yeux, oreilles, mains, dents.

    b. mains, oreilles, pieds, yeux.

    c. dents, bras, yeux, oreilles.

3. Quels vêtements le loup portait-il quand le Petit Chaperon rouge est arrivé chez sa grand-mère?

 C. Before listening to the third part of the story, study the following list of words. After listening to Part C, turn off the audio and answer the questions below.

Mots utiles

se prendre les pattes   *to catch one's feet*
saisir l'occasion   *to grab the opportunity*
un bûcheron   *woodcutter*
secouer   *to shake*
le ventre   *stomach*

1. Le loup s'est pris les pattes dans les couvertures *(covers)*.

    vrai   faux

2. Qui a sauvé le Petit Chaperon rouge?

    a. les sept nains *(dwarfs)*

    b. les trois petits cochons

    c. le bûcheron

3. Qui est sorti du ventre du loup?

D. Before listening to the final part of the story, study the following list of words. After listening to Part D, turn off the audio and answer the questions below.

Mots utiles

chasser   *to chase*
se cacher   *to hide*
entendre parler de   *to hear (tell) of*
sauver la vie (de quelqu'un)   *to save someone's life*

1. Le bûcheron a épousé le Petit Chaperon rouge.

   vrai   faux

2. Le loup est devenu ...

   a. végétarien.

   b. chef de cuisine.

   c. plus gourmand que jamais.

3. Où le Petit Chaperon rouge, la grand-mère et le bûcheron ont-ils célébré leur victoire?

_____

Activité 4: Grand-mère m'a toujours dit ...

 **A.** Every language has colorful sayings or proverbs that everyone knows. Match the following French sayings to their English equivalents. Note that while the French and English sayings may express the same idea, the words they use may be quite different.

_____   1. Quand on parle du loup, on en voit la queue.

_____   2. Ne vendez pas la peau *(skin)* de l'ours *(bear)* avant de l'avoir tué.

_____   3. Quand le chat n'est pas là, les souris dansent.

_____   4. Petit à petit, l'oiseau *(bird)* fait son nid *(nest)*.

a. *Don't count your chickens before they're hatched.*

b. *Rome wasn't built in a day.*

c. *Speak of the devil.*

d. *When the cat's away, the mice will play.*

 B. Use your answers from Part A, above. Listen to the English and say the French equivalent during the pause. Then listen as the speaker gives the correct answer.

You hear: Don't count your chickens before they're hatched.

You say: **Ne vendez pas la peau de l'ours avant de l'avoir tué.**

Chapitre 11: LAB MANUAL

C. What, in your opinion, is the moral of *Little Red Riding Hood*?

_____

_____

_____

Partie C: En contexte

Activité 1: Vignette

One friend asks another why he stayed home on Saturday. He accuses him of being a party pooper.

A. Avant d'écouter. Before listening, imagine two excuses that the first person might give to explain why he stayed home. Answer in French.

1. _____

2. _____

B. À l'écoute. First, listen to the conversation once or twice without writing. Keep in mind who the characters are, where they are, and what they are doing, to predict what they will say and understand them better. Then, write the missing parts in the blank spaces provided. Finally, reread what you have written to check spelling and grammar.

JACQUES: Tu n'es _____ midi.

DANIEL: Non, je _____. Il _____ et

il _____. Comme _____ le

_____, j'ai _____.

JACQUES: Ce _____?

DANIEL: Si, mais que veux-tu? _____ télé.

JACQUES: Et samedi _____.

DANIEL: _____ sortir, mais _____.

JACQUES: Quel bonnet de nuit!

Activité 2: À vous

Close your text before doing this activity. Respond orally and in writing. You will hear each question twice. After the question is repeated, you will have time to respond. When you finish, check your comprehension of the questions on page 312 of your text.

1. _____

2. _____

3. _____

4. _____

5. _____

6. _____

7. _____

8. _____

9. _____

Chapitre 12 *Les réservations*

Partie A: Prononciation

A. [l] et [j]. Read the pronunciation section for Chapter 12 of *Entre amis,* and listen to the words to determine which ones contain an [l] or a [j] sound.

	[l]	[j]
❑		X
1.		
2.		
3.		
4.		
5.		
6.		
7.		
8.		
9.		

B. Pronounce the following sentences correctly after you hear the exercise number, then listen to the audio and repeat.

1. Les lilas de Lola sont merveilleux.
2. Le lycée de la ville de Laval est tranquille.
3. Il travaille lentement dans un village près de Lille.
4. Le soleil de juillet me fait mal aux yeux.
5. La fille d'Hélène a mal à l'oreille. Aïe! Aïe! Aïe!

Chapitre 12: LAB MANUAL 235

Partie B: Compréhension

Activité 1: La fête de Pierre

 **A.** Answer the following questions about your college experiences.

1. Depuis combien de temps êtes-vous étudiant(e) à votre université?

   _____

2. Quand finirez-vous vos études?

   _____

3. Quand vous terminerez toutes vos classes, inviterez-vous vos amis à une fête?

   _____

 B. Listen to the following story about Pierre, who is trying to plan his graduation party. He needs to find a restaurant available at the times he wants and where he can rent a room at a price he can afford. Listen to the messages on his answering machine and take notes in the spaces provided. You may want to listen to the different messages more than once.

Pierre Fromentin finira ses études le 31 mai. Il voudrait fêter (celebrate) l'occasion avec douze amis au restaurant. Il a un budget limité à 200 euros.

	Les Trois Érables	*La Chaumière*	*Café Mambo*
jour?			
matin?			
après-midi?			
soir?			
prix (€/personne)?			

 **C.** Help Pierre make a decision based on the notes that you took in Part B.

1. Quel restaurant Pierre choisira-t-il? _____

2. Pour quelle raison? Le jour ou le prix? _____

Activité 2: Le mariage

 **A.** Answer the following questions before listening to Part B.

1. Connaissez-vous des gens qui se marieront cette année?

   _____

2. Avez-vous déjà assisté au mariage d'un(e) ami(e) dans une autre ville? Si oui, êtes-vous resté(e) chez votre ami(e) ou avez-vous réservé une chambre d'hôtel?

   _____

   _____

3. Quand vous vous marierez, où irez-vous pour votre lune de miel *(honeymoon)*? Prendrez-vous le train, la voiture ou l'avion pour votre voyage de noces *(wedding trip)*?

   _____

   _____

 B. Sylvie plans to attend the wedding of her friend Claude in New Orleans. She will need to stay overnight, so she asks Claude to recommend a hotel. Listen to their phone conversation and take notes on the hotels that Claude describes. Stop the audio as necessary.

	Le Windsor Court	*La Place d'Armes*	*Le Château Motor Hôtel*
prix? *($, $$ ou $$$)*			
situé: *au Vieux Carré?* *près de la* *cathédrale?*			
avantages (strong points)			

 **C.** Looking at the notes you took in Part B, speak the answers to the questions that you hear.

1. L'hôtel le plus _____.

2. L'hôtel le plus _____.

3. Elle choisira _____.

Activité 3: Le voyage de leurs rêves

 **A.** Answer the following questions about traveling.

1. Quelle sorte de voyage préférez-vous? Les voyages organisés *(tours)*? les croisières *(cruises)*? ou les vacances en camping-car?

   _____

2. En général, quelle sorte de voyage préfère(nt) un jeune couple? une famille? des retraités *(retirees)*?

   _____

   _____

3. Quand vos parents prendront-ils leur retraite? Ont-ils l'intention de voyager? Si oui, où veulent-ils

   aller? _____

   _____

B. Listen while Jean-Luc and Anne-Marie discuss their dream vacation, and then answer the following questions based on their conversation.

1. Quelle destination est-ce que Jean-Luc propose à Anne-Marie? Et quelle destination est-ce

   qu'elle lui propose? _____

   _____

2. De quels moyens *(means)* de transport discutent-ils?

   _____ du train   _____ du camping-car

   _____ de l'autocar   _____ du bateau *(boat)*

C. Listen to the conversation again. This time, imagine what Jean-Luc's final response to Anne-Marie might be.

JEAN-LUC: _____

   _____

Partie C: En contexte

Activité 1: Vignette

A woman calls a restaurant to make a reservation but there are too many people in her party.

 **A. Avant d'écouter.** Before listening, try to give at least one French expression for each of the following.

1. What would one say when making a reservation?

   _____

2. What will she do if this restaurant does not have enough room?

   _____

 B. À l'écoute. First, listen to the conversation once or twice without writing. Keep in mind who the characters are, where they are, and what they are doing, to predict what they will say and understand them better. Then, write the missing parts in the blank spaces provided. Finally, reread what you have written to check spelling and grammar.

M. LAPLANTE:	Allô, _____ «_____ Rivières».
MME GRASSIN:	_____. Est-il possible _____
	_____ midi?
M. LAPLANTE:	_____ réserver,
	_____?
MME GRASSIN:	_____, si c'est possible.
M. LAPLANTE:	_____! _____ personnes
	_____?
MME GRASSIN:	Nous _____ personnes.
M. LAPLANTE:	_____!
MME GRASSIN:	Oui, _____. Ce _____ cinquantième
	_____, et _____
	leurs maris, _____ femmes, nos
	_____ tous les petits- _____.
M. LAPLANTE:	Je _____, _____ pourrez pas
	_____.
MME GRASSIN:	C'est dommage, _____. Je _____ à un autre
	_____. _____, _____
M. LAPLANTE:	_____, Madame. _____

Activité 2: À vous

Close your text before doing this activity. Respond orally and in writing. You will hear each question twice. After the question is repeated, you will have time to respond. When you finish, check your comprehension of the questions on page 341 of your text.

1. _____

2. _____

3. _____

4. _____

5. _____

6. _____

7. _____

8. _____

Chapitre 13 *Ma journée*

Partie A: Prononciation

 A. [ø] et [œ]. Read the pronunciation section for Chapter 13 of *Entre amis* and listen to the words to determine which ones contain an [ø] or an [œ] sound.

	[ø]	[œ]
☐		X
1.		
2.		
3.		
4.		
5.		
6.		
7.		
8.		
9.		
10.		

 **B.** Pronounce the following sentences correctly after you hear the exercise number, then listen to the audio and repeat.

1. Il pleure dans mon cœur

2. Comme il pleut sur la ville,

3. Quelle est cette langueur

4. Qui pénètre mon cœur?

   (Paul Verlaine, *«Il pleure dans mon cœur»*)

Partie B: Compréhension

Activité 1: Une semaine typique

 **A.** Most of us follow fairly similar routines in the morning. Study the chart on the next page. In the first column indicate at what time you do each of the activities on a typical weekday morning. If you don't usually do a certain activity, put an X in that box.

 B. Now listen as Geoffroi describes his typical morning. Fill in the chart with the information about his schedule. In some cases, you may have to calculate or estimate the times based on information that he supplies. Listen to this activity one more time, if necessary.

Activités	Vous	Geoffroi
se réveiller		
se lever		
se raser		
se laver (bain, douche)		
s'habiller		
se brosser les dents		
se brosser les cheveux		
préparer son petit déjeuner		
se dépêcher de partir		
se mettre en route (get going)		

 C. Listen to the following questions and compare your typical morning to Geoffroi's. Tell whether each statement is true or false.

vrai   faux

1. _____   _____

2. _____   _____

3. _____   _____

4. _____   _____

Activité 2: Le déménagement *(Moving)*

 **A.** Your friend Éliane has asked you to help her move. When you arrive at her new apartment, you find that some of her furniture has already come and is in place. Study the following checklist of her possessions, then study the floor plan for her new apartment. Any item that is already in place is indicated with an * on the floor plan. Cross these items off Éliane's checklist.

Possessions

2 commodes *(chests of drawers)*	une cuisinière	une chaise confortable
un grand tapis *(carpet)*	une guitare	un fauteuil
un lave-vaisselle	2 lits	2 lampes
une radio	un réfrigérateur	un ordinateur
un sofa	une stéréo	des skis
une table et 6 chaises	une télé	une table de nuit
un bureau		

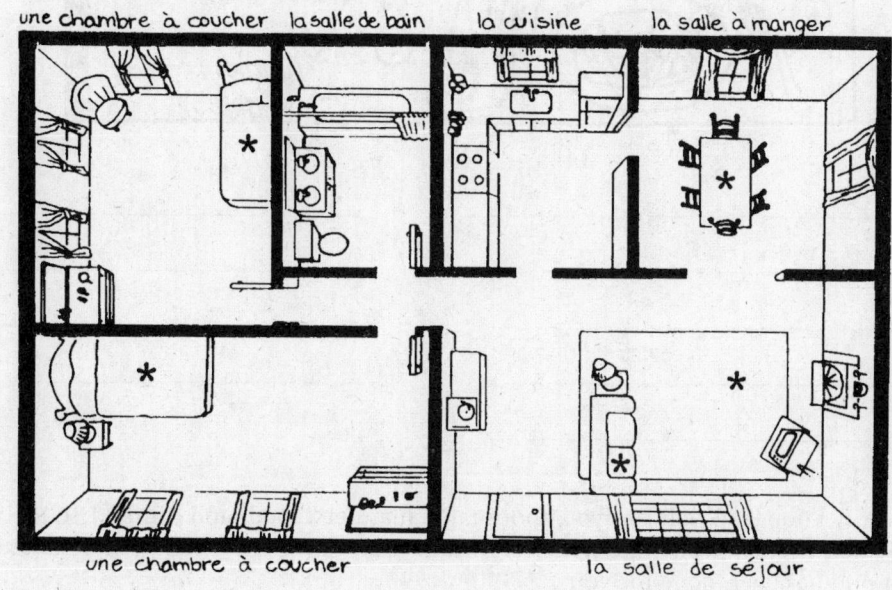

 **B.** Now look again at the floor plan for the new apartment. Circle on the checklist all the items that appear on the floor plan that have not yet arrived.

 C. Listen as Éliane tells the movers what to do with certain items that were *not* on her floor plan. Draw an X on the spot where she wants each item to go. Label each of these items by writing its name in the margin and drawing a line to the spot where it goes. Then, cross it off the checklist.

Chapitre 13: LAB MANUAL

Activité 3: Autour de la table

A. Look over the picture and label the items indicated. Don't forget to include the appropriate articles.

1. _____   6. _____

2. _____   7. _____

3. _____   8. _____

4. _____   9. _____

5. _____

B. How knowledgeable are you about table manners, food, and drink? Use the words provided to create complete sentences, making any necessary changes and additions. The first one has been done for you.

1. je / mettre / serviette / genoux

   Je mets ma serviette sur mes genoux.

2. on / manger / salade / fourchette

   _____

3. ils / préférer / sel

   _____

4. je / vouloir / verre / vin blanc

   _____

5. nous / avoir besoin / couteau

   _____

C. Now listen to questions about etiquette and preferences. Using the sentences you wrote in Activité 3B, say the answers to the questions you hear. The first one has been done for you.

1. You hear: Qu'est-ce que tu mets sur tes genoux?

   You see: Je

   You say: **Je mets ma serviette sur mes genoux.**

2. On   4. Je
3. Ils   5. Nous

Activité 4: Un rendez-vous Chez Lili

Listen to the conversation and fill in the missing words. You may listen to the conversation as many times as you like.

ROBERT: Salut, Marc. Tu n'as pas oublié notre dîner avec Marie ce soir?

MARC: Bien sûr que non. Où allons-nous?

ROBERT: Marie souhaite _____ *Chez Lili.*

MARC: D'accord. Tu viens me chercher ou tu souhaites _____ te chercher?

ROBERT: Non, il faut _____. Ma voiture est chez le mécanicien.

MARC: Bon. À quelle heure veux-tu _____ te prendre?

ROBERT: Vers 18 heures. Et il est essentiel _____ à l'heure parce qu'on n'a pas

réservé, hein?

Partie C: En contexte

Activité 1: Vignette

Two men discuss last night's ballgame.

A. Avant d'écouter. Before listening, try to give at least one French expression for each of the following.

1. What would one ask to find out if the other went to the game?

   _____

   _____

2. What would one ask to find out what the other did after the game?

   _____

   _____

B. À l'écoute. First, listen to the conversation once or twice without writing. Keep in mind who the characters are, where they are, and what they are doing, to predict what they will say and understand them better. Then, write the missing parts in the blank spaces provided. Finally, reread what you have written to check spelling and grammar.

MICHEL: Vous _____ match _____?

PIERRE: _____, _____ assez _____.

MICHEL: Pourquoi? _____?

PIERRE: Non, _____ nous perdons

_____.

MICHEL: Ha! Et après le match, _____?

PIERRE: Non, avec _____ bistro.

MICHEL: Est-ce _____?

PIERRE: Je _____.

Ils _____ Jérôme et Monique Dufour. _____

_____ mois.

Activité 2: À vous

Close your text before doing this activity. Respond orally and in writing. You will hear each question twice. After the question is repeated, you will have time to respond. When you finish, check your comprehension of the questions on page 371 of your text.

1. _____

2. _____

3. _____

4. _____

5. _____

6. _____

_____

Chapitre 14 *Quelle histoire!*

Partie A: Prononciation

A. Tension. Read the pronunciation section for Chapter 14 of *Entre amis* and listen to the words to determine whether they are French or English.

	French	*English*
❑		X
1.		
2.		
3.		
4.		
5.		
6.		
7.		
8.		
9.		
10.		

B. Pronounce the following phrases and sentences correctly after you hear the exercise number, then listen to the audio and repeat.

1. une belle Américaine
2. un pique-nique à la campagne
3. Il s'appelle Michel.

4. Cet homme est grand et intelligent.
5. Elle a une belle bague de fiançailles.

Partie B: Compréhension

Activité 1: La radio libre vous écoute

Answer the following questions according to your personal experience.

	vrai	faux
1. J'écoute quelquefois à la radio les émissions où on discute des problèmes personnels.	_____	_____
2. Je suis souvent de l'avis de la personne qui discute de ses difficultés.	_____	_____
3. J'ai déjà téléphoné à une de ces émissions.	_____	_____

Activité 2: Racontez-nous vos problèmes

 A. You may have listened to radio programs in which listeners call in and discuss their personal problems. Here is this week's installment of the program *Racontez-nous vos problèmes*. Listen to the talk-show host's introduction, then stop the audio and answer the questions. You may find the following list of expressions useful.

Mots utiles

les auditeurs   *listeners*
bienvenu(e)(s) à   *welcome to*
un épisode   *episode*

1. Les gens téléphonent à l'émission *Racontez-nous vos problèmes* pour ...

    _____ a.   demander comment réparer leurs voitures.

    _____ b.   demander des conseils sur leurs problèmes.

    _____ c.   **a** et **b**

2. Quel est le problème de François?

    _____ a.   Il ne s'entend pas bien avec son père.

    _____ b.   Son père ne s'entend pas bien avec sa mère.

    _____ c.   **a** et **b**

B. Now listen to François explain his problem to the talk-show host, then stop the audio and answer the questions. You may find the following list of expressions useful.

Mots utiles

un camionneur   *truck driver*
un ingénieur   *engineer*
incroyable   *unbelievable*

1. Comment François se décrit-il?

    _____ a.   Il dit qu'il est camionneur.

    _____ b.   Il dit qu'il n'est pas aussi intelligent que la plupart des gens.

    _____ c.   **a** et **b**

2. Pourquoi est-ce que le père n'aime pas le travail de son fils?

    _____ a.   Parce qu'il faut travailler le week-end et le soir.

    _____ b.   Parce que ce travail n'est pas bien rémunéré *(paid)*.

    _____ c.   ni **a** ni **b**

C. Now listen to the remainder of the conversation between François and the talk-show host. You may find the following list of expressions useful.

Mots utiles

un client   *customer*
livrer du stock   *to deliver merchandise*
pas mal de   *quite a bit of*

1. Pourquoi François a-t-il gagné le prix de la Route?

   _____ a.   Parce que c'est le meilleur camionneur et parce qu'il n'est jamais en retard.

   _____ b.   Parce que les clients demandent qu'il livre leur stock.

   _____ c.   **a** et **b**

2. Comment sait-on que François gagne bien sa vie?

   _____ a.   Il gagne des milliers d'euros *(thousands of euros)* par semaine.

   _____ b.   Il a une nouvelle maison.

   _____ c.   **a** et **b**

 D. Now listen to find out what listeners advise François to do. You may find the following list of expressions useful.

Mots utiles

coincé(e) au milieu   *stuck in the middle*
fier/fière   *proud*
malgré   *in spite of*
faites-nous savoir   *let us know*
résoudre   *to resolve*

1. La première personne qui appelle ...

   _____ a.   est la mère de Sophie.

   _____ b.   a aussi un problème de famille.

   _____ c.   **a** et **b**

2. Le frère de Jacques réussit dans la vie ...

   _____ a.   malgré son père.

   _____ b.   avec l'aide de son frère.

   _____ c.   **a** et **b**

Activité 3: C'est à vous maintenant

 Answer the following questions.

1. Après l'émission, qu'est-ce que François fera, à votre avis?

_____

_____

2. Imaginez que vous êtes le père de François et que vous avez entendu l'émission. Que feriez-vous?

_____

_____

Activité 4: La récréation

A. A school teacher approaches Didier, a child who is crying on the playground. Listen to the conversation. Based on what you hear, complete the following phrases using the choices provided below.

1. le garçon dont _____

2. le garçon qui _____

3. le garçon que _____

   ... j'ai mangé à midi
   ... le blue-jean est trop court
   ... aime la pizza
   ... est là-bas
   ... les autres enfants détestent

B. Listen to the conversation again. Now say one thing you have learned about Didier and two things that you have learned about Michaël.

1. Didier est le garçon qui _____

2. Michaël est le garçon dont _____

3. Michaël est le garçon que _____

C. Listen to the conversation again. Put a check next to each sentence that you find logical.

_____ 1. Didier est fâché que Michaël prenne son jouet.

_____ 2. Michaël est triste que les enfants ne l'aiment pas.

_____ 3. L'instituteur regrette que les deux garçons ne s'entendent pas.

Partie C: En contexte

Activité 1: Vignette

One person describes why he dislikes soap operas.

 **A. Avant d'écouter.** Before listening, try to give at least one French expression for each of the following.

1. How would one say that he is fed up with soap operas?

    _____

    _____

2. Imagine why he does not like them.

    _____

    _____

 B. À l'écoute. First, listen to the conversation once or twice without writing. Keep in mind who the characters are, where they are, and what they are doing, to predict what they will say and understand them better. Then, write the missing parts in the blank spaces provided. Finally, reread what you have written to check spelling and grammar.

MARC: J'en _____ feuilletons _____

        télévision.

GUY: _____?

MARC: Mais tous! _____.

GUY: Ah oui! _____?

MARC: Ils parlent toujours _____ couples _____. Ils se disent qu'ils

        _____. Ils _____, mais

        _____ se séparent _____.

GUY: Oui, pas très original.

MARC: Bon, _____. Dis _____ de ma part.

GUY: Ma _____? Mais _____

        _____ mois.

Activité 2: À vous

Close your text before doing this activity. Respond orally and in writing. You will hear each question twice. After the question is repeated, you will have time to respond. When you finish, check your comprehension of the questions on page 402 of your text.

1. _____

2. _____

3. _____

4. _____

5. _____

6. _____

Chapitre 15 *Qu'est-ce que je devrais faire?*

Partie A: Prononciation

A. La voyelle [ə]. Read the pronunciation section for Chapter 15 of *Entre amis* and listen to the words to determine whether the **e** is silent or pronounced. Underline each pronounced **e**, and put a slash through each silent **e**.

❑ You see and hear: Je ne l'aime pas.

You underline the pronounced
e and slash the silent ones: J̲e̲ n̸e̲ l'aim̸e pas.

1. Votre frère est gentil.

2. Nous prenons le bus mercredi.

3. Ils arriveront dimanche.

4. Est-ce que tu me dis que tu veux me voir?

5. Aline est marocaine?

B. Pronounce the following sentences correctly, after you hear the number, then listen to the audio and repeat.

1. Qu'est-ce que votre mère a dit?

2. Vous venez de Compiègne?

3. Le chauffeur de cette voiture ne regardait pas à droite.

4. Regardes-tu la télé le mercredi et le vendredi?

5. Dans quelle ville est-ce que tu habites?

Partie B: Compréhension

Activité 1: Si j'avais le choix ...

Listen as the speaker describes some hypothetical situations. What do you think would be most likely to happen in each of these situations? Check your first choice.

1. _____ J'inventerais un nouveau dessert pour mon restaurant.

    _____ Je le donnerais aux sans-abris *(homeless)*.

    _____ Je le mangerais moi-même en une semaine.

2. _____ Nous rapporterions le drapeau *(flag)* américain que les astronautes américains y ont laissé en 1970.

    _____ Nous rapporterions un échantillon *(sample)* du fromage vert que nous y trouverions.

    _____ Nous rapporterions des cailloux *(pebbles)* et de la poussière *(dust)*.

3. _____ Elle laisserait un mot (would leave a note) pour le conducteur de l'autre voiture.

_____ Elle partirait à toute vitesse sans rien dire.

_____ Elle chercherait un agent de police.

Activité 2: *Mais c'était le comble* (last straw)!

A. Listen to the following story of a jealous husband. The first time you hear the story, try to get a general idea of what happens. Don't worry if you don't understand all the details. Take notes of the conversation in the space provided.

_____

_____

_____

_____

B. Listen to the conversation again. What evidence is there that Jean is a jealous husband? Write your answer in the space provided.

_____

_____

_____

_____

C. Read through the following list of events, then listen to the conversation a third time. Draw a line through the three events that did not actually happen in the story.

_____ Jean attendait Diane quand elle a fini sa classe.

_____ Il l'a appelée où elle travaille.

_____ La mère de Diane a téléphoné à la police.

_____ Diane était au lit quand Jean lui a téléphoné.

_____ Diane a quitté son bureau pour aller au restaurant avec des amies.

_____ Jean a envoyé des fleurs à Diane.

_____ Diane a téléphoné à la police.

_____ Diane a demandé à Jean de ne plus téléphoner chez elle.

_____ Diane a changé les serrures (locks) parce qu'elle avait très peur de Jean.

_____ Jean a dit qu'il l'aimait toujours.

D. Listen to the story one more time. Place numbers to the left of the seven remaining sentences in part C to indicate their correct order in the story.

 **E.** You will hear several sentences from Activity 2C. Part of the information in each sentence is incorrect. Listen to the incorrect sentence, refer to the list, and say the correct statement. The first one is done for you.

You hear: Jean attendait Diane quand elle a fini son travail.

You say: **Jean attendait Diane quand elle a fini sa classe.**

1. Diane était ...

2. Diane a téléphoné ...

3. Jean a dit ...

Partie C: En contexte

Activité I: Vignette

One woman tells another about a trip she will take.

 **A. Avant d'écouter.** Before listening, try to give at least one French expression for each of the following.

1. Try to guess who she is going with and where they are going.

   _____

   _____

2. How would one say, "It's too bad we're not free"?

   _____

B. À l'écoute. First, listen to the conversation once or twice without writing. Keep in mind who the characters are, where they are, and what they are doing, to predict what they will say and understand them better. Then, write the missing parts in the blank spaces provided. Finally, reread what you have written to check spelling and grammar.

MME DUFOUR: Mon _____ ; hier, par exemple,

_____ , et il _____ annoncé

que _____ .

MME ALIX: Et quelle _____ ta réaction?

MME DUFOUR: Au début j'_____ ,

mais non, _____ .

MME ALIX: C'est dommage _____ ,

mon _____ , pour _____ .

MME DUFOUR: Oui, ce _____ ensemble.

MME ALIX: Alors, _____ ,

ce _____ .

Activité 2: À vous

 Close your text before doing this activity. Respond orally and in writing. You will hear each question twice. After the question is repeated, you will have time to respond. When you finish, check your comprehension of the questions on page 426 of your text.

1. _____

2. _____

3. _____

4. _____

5. _____

6. _____

Video Worksheets

Video Worksheets

The video worksheets provide lexical and cultural preparation for the **Pas de problème!** video. Since the video is not meant to be a replica of the text but rather a vibrant slice of life involving native speakers of French, the language is not limited to expressions students have learned to use in the classroom. Studying the **Vocabulaire à reconnaître** sections that begin each worksheet and then completing the short activities that follow will facilitate student comprehension and enjoyment of the video.

Text to Video Correlation

Chapter 1	Introduction
Chapter 2	Module 1
Chapter 3	Module 1
Chapter 4	Module 2
Chapter 5	Module 2
Chapter 6	Module 3
Chapter 7	Module 4
Chapter 8	Module 5
Chapter 9	Module 6
Chapter 10	Module 7
Chapter 11	Module 8
Chapter 12	Module 9
Chapter 13	Module 10
Chapter 14	Module 11
Chapter 15	Module 12

MAP I: Paris

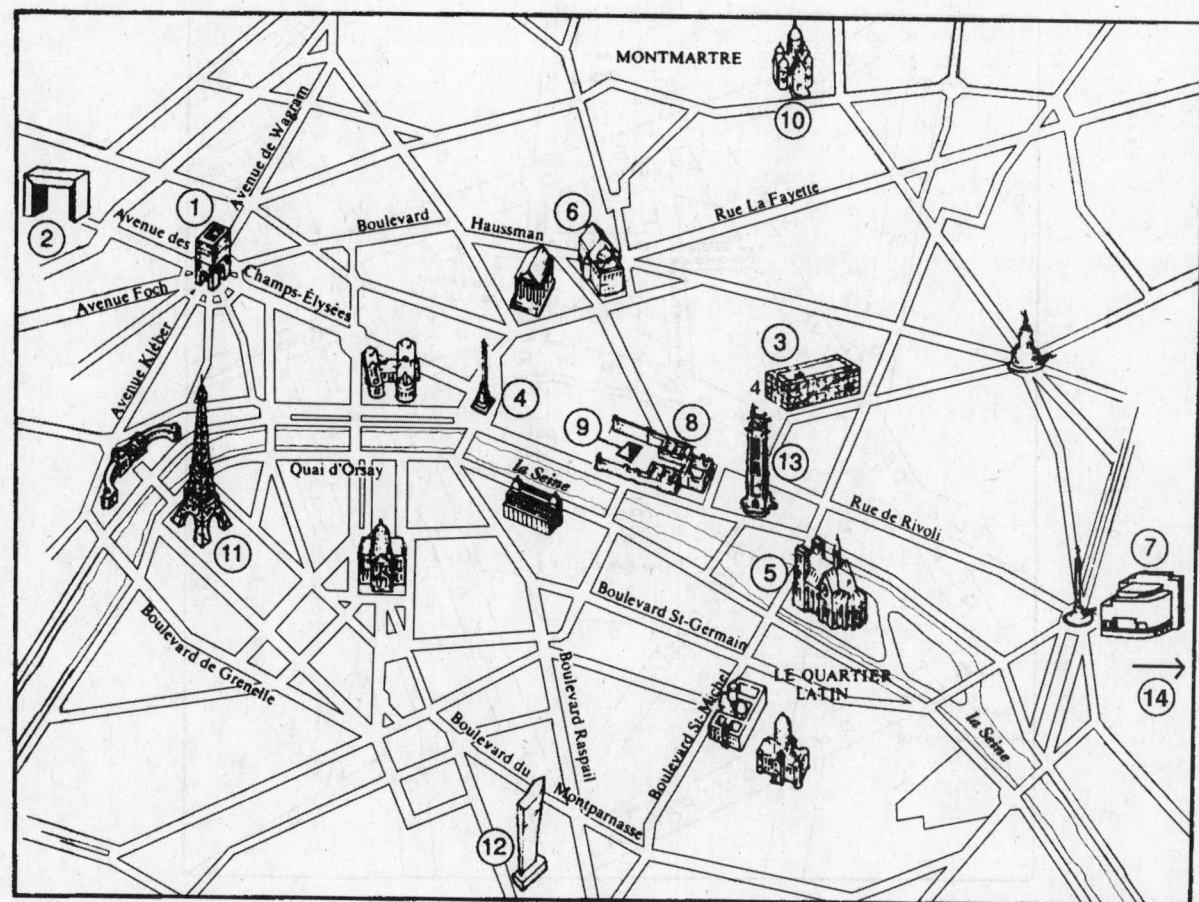

1. Arc de Triomphe
2. Arche de la Défense
3. Centre Pompidou
4. Place de la Concorde
5. Notre-Dame de Paris

6. Opéra de Paris
7. Opéra de la Bastille
8. Palais du Louvre
9. Pyramide du Louvre
10. Sacré-Cœur

11. Tour Eiffel
12. Tour Montparnasse
13. Tour Saint-Jacques
14. Bois de Vincennes

MAP 2: Pour aller chez Marie-Christine

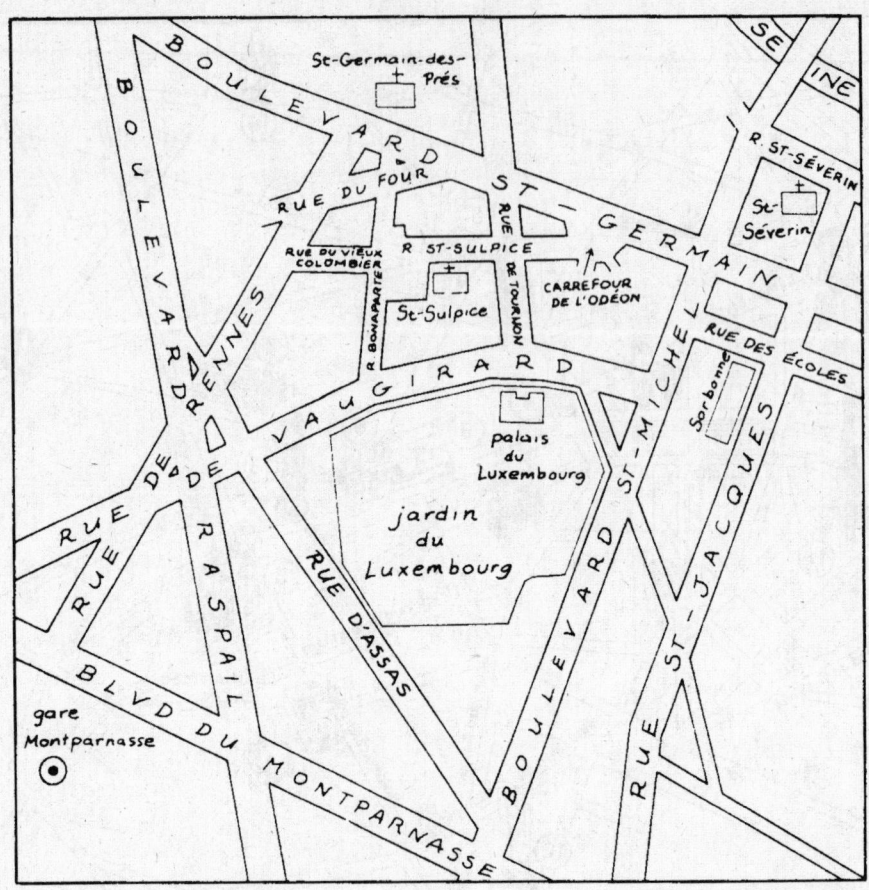

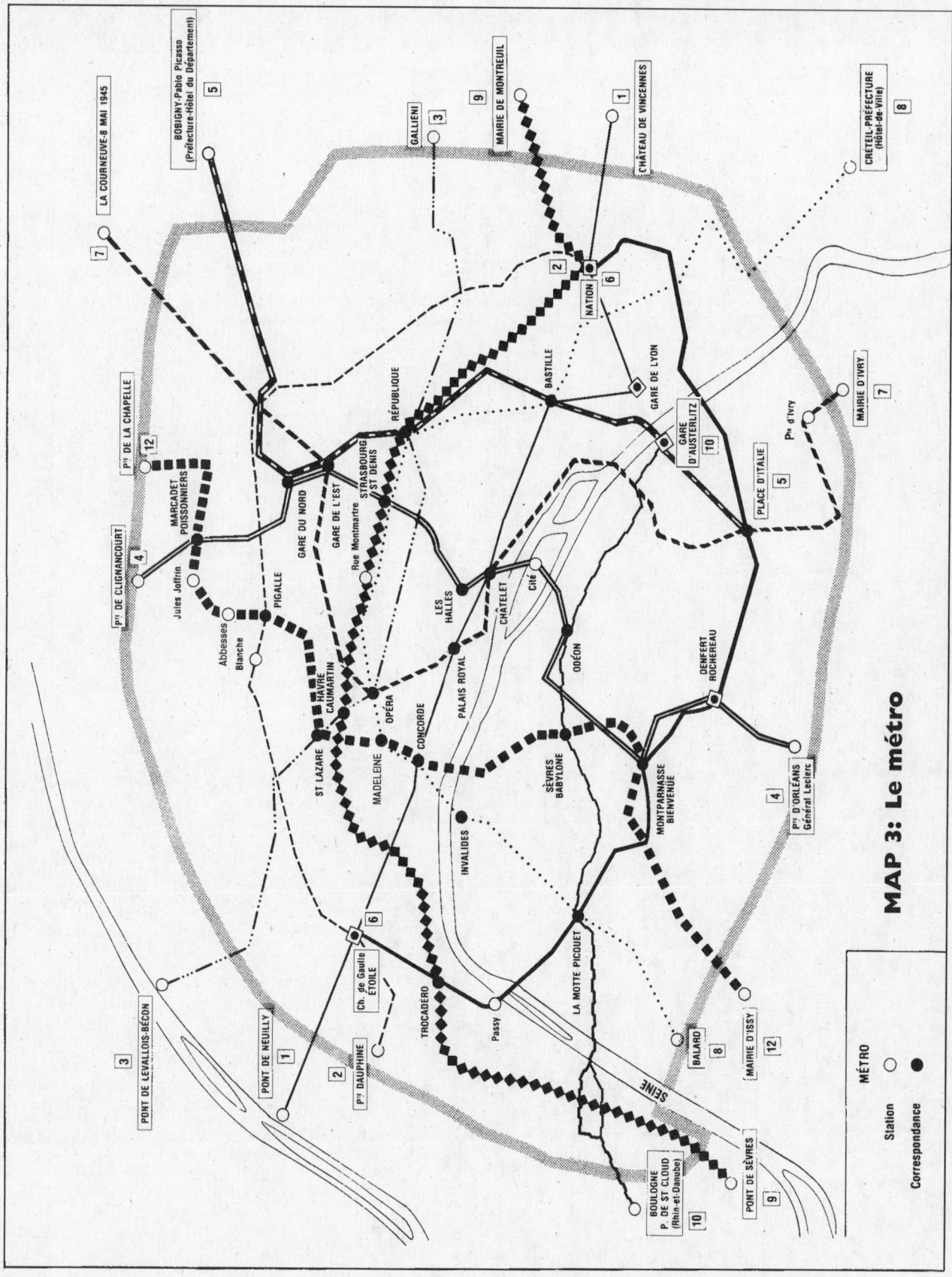

MAP 3: Le métro

Chapitre I

Introduction

Vocabulaire à reconnaître

Endroits (*places*)
la France
la Martinique
le Québec
la Réunion
le Sénégal
la Tunisie

Nationalités
française / français
martiniquaise / martiniquais
canadienne/ canadien (québécoise / québécois)
réunionnaise / réunionnais
sénégalaise / sénégalais
tunisienne / tunisien

A. Connexion culturelle. Use the maps on the inside covers of *Entre amis* to locate the following French-speaking places. Then draw lines to connect them to the general geographic locations where they are found.

1. la France

2. la Martinique

3. le Québec

4. la Réunion

5. le Sénégal

6. la Tunisie

a. les Antilles

b. le Canada

c. l'Afrique

d. l'Europe

e. l'Océan indien

B. Identifications. Watch the introduction to the **Pas de problème!** video and then complete the sentences by selecting the appropriate name from the following: Alissa, Bruno, Jean-François, Marie-Christine, Moustafa, Yves.

1. Je suis canadien. Je m'appelle _____.

2. Je suis réunionnaise. Je m'appelle _____.

3. Je suis sénégalais. Je m'appelle _____.

4. Je suis tunisien. Je m'appelle _____.

5. Nous sommes français. Nous nous appelons _____ et

_____.

C. Nationalités. Give the nationality of each person.

❑   Quelle est la nationalité de Moustafa?

   Il est tunisien.

Quelle est la nationalité ...

1. de Jean-François? _____

2. de Marie-Christine? _____

3. de Bruno? _____

4. d'Alissa? _____

5. d'Yves? _____

D. Réflexion. Having examined the maps on the inside covers of your text, how many of the French-speaking areas can you recall from memory? How many English-speaking areas of the world can you name? Why is it that these two languages are spoken in so many different parts of the world?

_____

_____

_____

_____

_____

_____

_____

_____

Chapitre 2

Module I: *Au tennis*

Vocabulaire à reconnaître

Au tennis *(at the tennis court)*

le tennis	*tennis*
la balle	*ball*
une faute	*an error; out of bounds*
la marque	*mark*
le service	*serve*

Au cinéma *(at the movies)*

le billet	*ticket*
le film d'aventures	*adventure film*
le mélodrame	*emotional film; tear-jerker*
une place	*a seat*
la salle de cinéma	*movie theater*
La salle est complète.	*The theater is full.*

Invitations

Viens!	*Come!*
Viens voir.	*Come and see.*
Allons-y!	*Let's go!*
On y va?	*Shall we go?*

Encouragement ou correction

C'est très bien.	*That's very good.*
Formidable!	*Great!*
Super!	*Super!*
Ce n'est pas vrai!	*That's not true!; No way!*
Tu ne fais pas attention.	*You aren't paying attention.*

Note culturelle

La Seine sépare Paris en deux parties. Elle coule d'est en ouest *(flows from east to west)* dans la direction de l'océan Atlantique. La partie au sud *(south)* de la Seine s'appelle **la Rive gauche** et la partie au nord *(north)* s'appelle **la Rive droite**.

A. Connexion culturelle. Locate each of these places on Map 1 (**Paris**) at the beginning of the video worksheets. Situate each place on **la Rive gauche** (*left bank* of the Seine: below the river) or on **la Rive droite** (*right bank*: above the river).

1. le Louvre   la Rive _____

2. la tour Eiffel   la Rive _____

3. la place de la Concorde   la Rive _____

4. le bois de Vincennes   la Rive _____

B. Identifications. Draw a line to connect each place with its appropriate description.

1. le Louvre

2. la tour Eiffel

3. la place de la Concorde

4. le bois de Vincennes

a. park where Jean-François played tennis

b. square at one end of the Champs-Élysées

c. world-famous museum; formerly a palace

d. best-known Parisian landmark; built in the nineteenth century

C. Sont-ils libres ce soir? *(Are they free this evening?)* Watch the video to determine what each person is doing this evening. Draw lines to match each person to an activity.

1. Jean-François
2. Marie-Christine
3. Nathalie
4. René

a. dîne en famille
b. est libre
c. travaille

D. Vrai ou faux? Decide if the following statements are true or false. If a statement is false, correct it.

1. Jean-François et René jouent au tennis.

_____

2. Jean-François joue très bien.

_____

3. Il regarde Nathalie.

_____

4. Marie-Christine est la cousine de Nathalie.

_____

5. Marie-Christine n'aime pas les mélodrames.

_____

6. Les Français détestent les sports.

_____

E. Réflexion. In video module 1 there are several examples of physical contact and gestures that are also depicted in your textbook (page numbers in parentheses). These include shaking hands (11), **la bise** (124), **voilà** (57), **bravo!** (91), and **oh là là! (quelle histoire!)** (380). Watch the video and check the text to identify each of these. Then decide if this body language is the same or different in your culture. How and when would you use equivalent gestures in your country?

Gesture	Same (S) or Different (D)	How and when would you use?
shaking hands		
la bise		
voilà		
bravo!		
oh là là!		

Chapitre 3

Module I: *Au tennis* (suite)

Vocabulaire à reconnaître

La nature

l'air	air
la mer	sea
la montagne	mountain
la rivière	river
la terre	earth

Les saisons

en été	in summer
en automne	in the fall
en hiver	in the winter
au printemps	in the spring
en toute saison	in any season

Quelques activités

le cinéma	movies
les devoirs	homework
la pétanque	lawn bowling (see **Entre amis,** pages 154 and 171)
le ski	skiing
le tennis	tennis
le vélo	bicycling

Style familier *(familiar style)*

Salut.	Hi.
Ouais.	Yeah.
T'as d' la chance!	You're lucky.
Hein?	Right?
Ben, non	Well, no ...

A. Familles de mots. You will recognize the following French words, since they have cognates in English. For each, select a word from the **Vocabulaire à reconnaître,** above, that is related to it and that would help to explain its meaning.

1. naturel _____

2. aéronautique _____

3. maritime _____

4. hibernation _____

5. montagneux _____

6. automnal _____

7. terrestre _____

8. cinématographie _____

B. En quelle saison? Choose the season or seasons most appropriate for each item listed under **Quelques activités** in **Vocabulaire à reconnaître,** above.

1. en été _____

2. en automne _____

3. en hiver   *le ski* _____

4. au printemps _____

5. en toute saison _____

C. Identifications. Watch video module 1 and then complete the following sentences with the appropriate expression.

> *places*   *libres*
> *film d'aventures*   *mélodrame*

1. «Vive James Bond» est un _____.

2. «Cérémonie secrète» est un _____.

3. René et Nathalie ne sont pas _____ ce soir.

4. «Deux _____ pour Cérémonie secrète, s'il vous plaît.»

D. Qui est-ce? Answer the following questions.

1. Comment s'appellent les quatre personnes qui jouent au tennis?

   _____

2. Comment s'appelle l'amie de Marie-Christine?

   _____

3. Qui est la cousine de René?

   _____

4. Comment s'appelle le film d'aventures?

   _____

5. Comment s'appelle le mélodrame?

   _____

6. Quel film est-ce que Marie-Christine préfère?

   _____

E. Réflexion. The tennis term *love* comes from the French word **l'œuf** *(egg)*. Likewise, the word *tennis* itself comes from the French verb **tenir: vous tenez** *(you hold)*. Try to give a logical explanation for these two word derivations. What other French tennis terms heard in this module are similar to English expressions?

_____

_____

_____

_____

_____

_____

Chapitre **4**

Module II: *Le coup de fil*

Vocabulaire à reconnaître

Quelques indications *(A few directions)*

la Rive gauche	*left bank (of the Seine)*
la Rive droite	*right bank (of the Seine)*
à gauche	*on the left*
à droite	*on the right*
dans la rue	*on the street*
vers la place	*towards the square*
par là	*that way*

Au 6ᵉ arrondissement *(In the 6th district of Paris)*

le quartier des librairies	*the bookstore area*
la rue du Four	*Du Four Street*
la rue Bonaparte	*Bonaparte Street*
la place Saint-Sulpice	*Saint Sulpice Square*
la rue de Tournon	*De Tournon Street*

L'impatience

Ce n'est pas possible!	*That's not possible!*
La porte ne s'ouvre pas!	*The door doesn't open!*
Il faut que je téléphone tout de suite!	*I've got to make a call right away!*

A. Connexion culturelle. Look at both Map 1 (**Paris**) and Map 2 (**Pour aller chez Marie-Christine**) at the beginning of the video worksheets to locate **rue de Tournon**. Decide whether it is on **la Rive droite** or **la Rive gauche**. Then explain how you made that decision.

_____

_____

_____

_____

B. Les indications. Use Map 2 and the vocabulary under **Quelques indications**, above, to guide someone from **la gare Montparnasse** to: (1) **la Sorbonne** and (2) **la place Saint-Sulpice**.

1. _____

_____

_____

2. _____

_____

_____

C. À compléter. Watch video module 2 and then complete the following sentences by choosing the appropriate answer.

1. Aujourd'hui, Jean-François et Marie-Christine _____.
   a. jouent au tennis
   b. font un voyage
   c. font des courses

2. Marie-Christine habite _____, rue de Tournon.
   a. six
   b. seize
   c. soixante

D. La petite chanson. Listen to what the man in the phone booth is singing. What are the two French adjectives he uses to describe Françoise?

1. _____

2. _____

E. Chez Marie-Christine. Choose the most appropriate answer.

1. Marie-Christine habite dans la rue _____. (Bonaparte, Saint-Sulpice, de Tournon)

2. Elle habite _____. (dans une maison, dans un appartement)

3. Il faut _____ pour ouvrir la porte. (la clé, le code, la télécarte)

4. Jean-François est assez _____. (nerveux, calme)

5. _____ est nécessaire pour téléphoner dans une cabine téléphonique. (l'argent, le code, la télécarte)

F. Réflexion. Jean-François is helped by two people in this module. What specifically does each one do to help him? Can you name specific situations in your culture where a foreigner might need help?

_____

_____

_____

_____

_____

Chapitre 5

Module II: *Le coup de fil* (suite)

Vocabulaire à reconnaître

Problèmes

Qu'est-ce qui se passe?	*What's happening?*
Qu'est-ce que je vais faire?	*What am I going to do?*
Où est-ce qu'on met l'argent?	*Where do you put the money?*
Comment est-ce que je peux ouvrir cette porte?	*How can I open this door?*
Où est-ce que je peux acheter une télécarte?	*Where can I buy a phone card?*

Le téléphone

une cabine	*a phone booth*
une télécarte	*a smart card for phoning*
une carte	*a card*
un coup de fil	*a phone call*

Pour ouvrir une porte

avec une clé	*with a key*
avec une carte	*with a card*
avec un code	*with a code*

A. Comment faire cela? Draw lines to identify each activity with the specific object required. More than one line may be acceptable.

1. acheter une télécarte

2. donner un coup de fil

3. faire des courses

4. ouvrir une porte

a. le code

b. l'argent

c. la clé

d. la carte de crédit

e. la télécarte

B. Dans quel ordre? Watch video module 2 to determine the order in which the following activities are first heard. Number your answers.

_____ acheter une télécarte

_____ donner un coup de fil

_____ faire des courses

_____ ouvrir une porte

C. La nouvelle génération de cabines téléphoniques. Watch video module 2 and listen to the directions for using a **télécarte.** Then number the following sentences in the order in which they occur in the video.

_____ Suivez les instructions.

_____ Commencez par introduire la télécarte.

_____ À la fin, n'oubliez pas d'enlever votre carte.

_____ Le message apparaît sur l'écran digital.

D. Beaucoup de questions. Answer the following questions.

1. Qu'est-ce que Jean-François et Marie-Christine vont faire aujourd'hui?

_____

2. Est-ce que Marie-Christine habite la Rive gauche ou la Rive droite?

_____

3. Quelle est son adresse?

_____

4. Pourquoi est-ce que Jean-François ne téléphone pas tout de suite *(right away)* à Marie-Christine?

_____

5. Où est-ce qu'on va pour trouver des télécartes?

_____

6. Quel est le code pour la porte de chez Marie-Christine?

_____

E. Réflexion. The **télécarte** is a smart card (see *Entre amis,* page 186). When and where are smart cards used in your country? What are the advantages and disadvantages of this technology?

_____

_____

_____

_____

_____

_____

_____

_____

Chapitre 6

Module III: *Le métro*

Vocabulaire à reconnaître

Quelques indications

dans la vitrine	*in the shop window*
en face	*across the street*
là	*here; there*
là-bas	*over there*
un peu loin	*a bit far away*

Pour parler des transports

la circulation	*traffic*
prendre une correspondance	*to change (metro or bus) direction*
les transports en commun	*public transportation*
une ligne de métro	*metro line*
une station de métro	*metro stop*
un arrêt d'autobus	*bus stop*
le funiculaire (à Montmartre)	*cable car (in Montmartre)*
le batobus (sur la Seine)	*boat for public transportation (on the Seine)*
un taxi	*taxi*

Pour attirer l'attention de quelqu'un *(to get someone's attention)*

Écoute.	*Listen.*
Mais attention.	*Watch out.*
Tiens, ...	*Hey, ...*

Note culturelle

Pour le métro ou l'autobus, on utilise des **tickets**. Il est aussi possible d'utiliser **la carte orange**, qui est une carte magnétique valable pour une semaine ou pour un mois. Dans le métro on introduit la carte orange dans la machine de contrôle, comme un ticket. Mais attention: dans l'autobus, il ne faut pas introduire la carte orange dans la petite machine! Cette machine est réservée aux tickets. On doit simplement montrer sa carte orange au chauffeur.

A. Les transports en commun. Draw lines to match the following places with the corresponding means of public transportation.

1. une gare

2. une station

3. un arrêt

a. le bus

b. le train

c. le métro

B. Quelques stations de métro à Paris. Locate the following metro stations on Map 3 (**Le métro**) at the beginning of the video worksheets. Are they on the **Rive droite** or the **Rive gauche**? On which metro lines are they found? (Note: The line number is given in a square box at each endpoint of a line.)

Station	Rive (gauche / droite)	Ligne de métro
Créteil-Préfecture		
Madeleine		
rue Montmartre		
Opéra		
Porte de la Chapelle		

C. Ça va. Watch video module 3 to identify the gesture Jean-François makes when he is asked his opinion by Marie-Christine about the item of clothing in the shop window (see also *Entre amis,* page 35). What does this gesture imply?

_____

_____

D. Comment passent-ils la journée? Choose the correct word or expression to complete the following sentences.

1. Aujourd'hui, Jean-François et Marie-Christine font des _____.
   (provisions, courses, devoirs)

2. Ils sont aux _____.
   (Nouvelles Galeries, Galeries Lafayette)

3. Marie-Christine admire _____ dans la vitrine.
   (un foulard, une carte, un pull)

4. Jean-François et Marie-Christine traversent la ville de Paris pour

   _____.

   (jouer au tennis, aller au magasin, prendre *(take)* un autobus)

5. Ils ont pris *(took)* _____ ensemble.
   (un autobus, le métro, un taxi)

6. Le métro ferme à _____.
   (minuit, une heure de l'après-midi, une heure du matin)

7. Jean-François a mis *(put)* _____ dans la petite machine.
   (son ticket, sa carte orange)

E. Réflexion. Public transportation in France is readily available, relatively inexpensive, and partially government subsidized. Compare this with your experience with public transportation in your own country. What specific advantages and disadvantages are there in each country with respect to public transportation?

_____

_____

_____

_____

_____

_____

_____

Chapitre 7

Module IV: *La boulangerie*

Vocabulaire à reconnaître

La politesse (see *Entre amis,* page 10)

S'il vous plaît.	*Please.*
Excusez-moi.	*Excuse me.*
Pourriez-vous m'indiquer ... ?	*Could you tell me where there is ... ?*
Est-ce que vous auriez ... ?	*Would you (possibly) have ... ?*
Je suis navré(e).	*I'm so sorry.*

À la boulangerie

Le boulanger chauffe son four.	*The baker heats his oven.*
Le pâtissier prépare des croissants.	*The pastry chef is making croissants.*
du pain	*bread*
des pâtisseries	*pastries*
des pains aux raisins	*raisin buns (cinnamon-raisin rolls)*
des œufs	*eggs*
de la farine	*flour*
du beurre	*butter*

À Montmartre

dans le quartier	*in the neighborhood*
(le) Sacré-Cœur	*Sacred Heart*
la rue des Abbesses	*Des Abbesses Street*
la rue des Mannes	*Des Mannes Street*
en bas des escaliers	*at the foot of the stairs*

A. La Basilique. Use Maps 1 (**Paris**) and 3 (**Le métro**) at the beginning of the video worksheets to locate the **Basilique du Sacré-Cœur.** At which station should one get off the metro in order to visit the Basilica?

_____

B. Des mots de remplissage (*Filler words*). Watch video module 4, where the following filler words (see *Entre amis,* page 59) are heard in the conversation between Jean-François and the artist. Make a check mark next to these words each time you hear them. Which word is heard the most often?

ben	_____	hein?	_____
bon	_____	oui	_____
euh	_____	voilà	_____

C. À compléter. Watch video module 4 and then complete the following sentences.

1. Jean-François trouve que le _____ au café est très cher.
   a. petit déjeuner (*breakfast*)
   b. déjeuner
   c. dîner

2. La boulangerie de la rue des Abbesses est _____.
   a. ouverte *(open)*
   b. fermée

3. Quand Jean-François dit «Ça commence à prendre forme, votre dessin», l'artiste répond

   _____. (see also *Entre Amis*, page 31)
   a. Vous trouvez?
   b. Merci beaucoup.

4. La boulangerie de la rue des Mannes est _____.
   a. ouverte
   b. fermée

D. Que fait Jean-François? Complete the following sentences.

1. Jean-François a l'intention d'acheter *(buy)* _____.
   (du pain, des croissants, des pâtisseries)

2. Il est _____ quand Jean-François parle avec l'artiste pour la première fois.
   (9 h 15, 9 h 45, 8 h 45)

3. L'artiste se trouve _____.
   (à Montparnasse, au Quartier latin, à Montmartre)

4. L'artiste dessine *(is drawing)* _____.
   (Notre-Dame, le Sacré-Cœur, la Sainte-Chapelle)

5. Jean-François parle _____ fois avec lui.
   (deux, trois, quatre)

6. C'est _____.
   (mercredi, vendredi, dimanche)

7. L'homme qui entre dans la boulangerie avant Jean-François veut _____ croissants.
   (deux, trois, quatre)

E. Réflexion. What are Jean-François and Marie-Christine planning for breakfast? Compare breakfast in France with breakfast in your country. You may wish to consult *Entre amis*, pages 227 and 236.

_____

_____

_____

_____

_____

_____

_____

Chapitre **8**   Module V: *Au café*

Vocabulaire à reconnaître

Les premiers contacts

Bienvenue.	*Welcome.*
Bonjour.	*Hello.*
Enchanté(e).	*Very pleased (to meet you).*
Je suis content(e) de vous connaître.	*I'm happy to meet you.*
Salut.	*Hi.*

Possibilités pour un long week-end

faire un voyage	*to take a trip*
prendre le train	*to take the train*
partir à la mer	*to leave for the seashore*
partir à la campagne	*to leave for the countryside*
visiter une cathédrale	*to visit a cathedral*
visiter un château	*to visit a castle*

Note culturelle

> **«Faire le pont»** (lit: *to make the bridge*): Si la fête du Premier mai est un jeudi (ou un mardi), on ne travaille pas le vendredi (ou le lundi) non plus. Comme ça, il y a quatre jours de vacances: le week-end plus jeudi et vendredi (ou lundi et mardi).

A. Combien de bises? Watch video module 5 and count the number of times that the cheeks touch when Marie-Christine kisses Bruno and Alissa (see also *Entre amis,* page 124).

_____

B. Bonjour. Watch video module 5 to identify the expressions Jean-François and his new acquaintances use when they greet each other.

_____   _____

_____   _____

C. Qu'est-ce qu'ils boivent? Watch video module 5 and draw lines to identify what each person orders at the café. (see also *Entre amis,* page 47).

1. Alissa   a. un café crème

2. Bruno   b. un café noir

3. Jean-François   c. un chocolat chaud

4. Marie-Christine

D. Qui va voyager? Watch video module 5 to learn which person is going to do each of the following:

1. faire un voyage: _____

2. jouer au tennis: _____

3. travailler: _____

E. L'horaire des trains *(Train schedule).* At the end of video module 5, the train chosen only runs on Sundays and holidays. See *Entre amis,* page 343, and find out the number of the train that runs only on Sundays and holidays.

_____

F. Écoutez bien.

1. Quelle est la nationalité de Bruno?

_____

2. Qu'est-ce que les quatre jeunes personnes commandent au café?

_____

_____

3. Quel temps fait-il?

_____

4. Quels sont les quatre jours mentionnés par Marie-Christine pour expliquer le mot «pont»?

_____

5. Qui a un ami qui s'appelle Noël?

_____

6. Pourquoi est-ce qu'ils ne partent pas en voiture?

_____

7. Comment vont-ils voyager?

_____

8. Qui ne va pas voyager? Pourquoi pas?

_____

_____

G. Réflexion. In this video module, the French holiday of May Day falls on a Thursday, allowing for a four-day weekend (see the **Note culturelle** above). What possibilities are there for four-day weekends in your country?

_____

_____

_____

_____

_____

Chapitre 9   Module VI: *Le château Saint-Jean*

Vocabulaire à reconnaître

Un château médiéval

du Moyen Âge	*medieval*
une construction solide	*solid construction*
des remparts	*ramparts, outer walls*
sur une colline	*on a hill*
une tour	*tower*
la salle des gardes	*castle guards' room*
une cheminée	*fireplace*
du chauffage	*heat*
se réchauffer	*to warm oneself*
un feu de bois	*a wood fire*

Pour dire qu'on admire quelque chose

Ça valait la peine!	*That was worth it!*
Ça vaut bien une photo!	*That's really worth (taking) a picture!*
C'est beau!	*That's beautiful!*
C'est magnifique!	*That's magnificent!*
C'est pas mal ça, hein?	*It's not bad, huh?*
Qu'est-ce qu'elle est grande!	*How big it is!*

La photographie

un appareil	*camera*
une pellicule	*roll of film*
une photo	*photograph*

A. Comment les décrire? Watch video module 6 and then draw lines to connect the words on the left with the adjectives used to describe them in the video.

1.	une chaleur *(warmth)*	a.	belle
2.	un château	b.	spectaculaire
3.	une cheminée	c.	bonne
4.	une construction	d.	beaux
5.	des merles *(blackbirds)*	e.	médiéval
6.	une vue	f.	solide

B. Où se trouvent ces châteaux? Watch video module 6 and then draw lines to match the types of castle and the regions where they are found, according to the video.

	Châteaux		*Régions*
1.	du Moyen Âge	a.	dans la vallée de la Loire
2.	de la Renaissance	b.	dans le Midi *(in the south)*
3.	du dix-septième siècle *(17th century)*	c.	dans la région de Bordeaux
4.	du dix-huitième siècle *(18th century)*	d.	le long de *(along)* la Seine
		e.	en Alsace
		f.	près de Paris

C. Où se trouvent ces régions? Use the maps on the inside covers of your text. How many of the regions of France mentioned above can you locate?

_____

_____

_____

_____

D. Au château. Choose the correct answer.

1. Bruno rend visite à _____.
   (Alissa, Nogent, Noël)

2. Avec ses amis, il visite le château _____.
   (Sainte-Jeanne, Saint-Jean, Nogent)

3. Le château se trouve en _____.
   (Normandie, Picardie, Alsace)

4. Dans la salle des gardes, ils admirent _____.
   (la fenêtre, la forêt, la cheminée)

5. La maison de Noël se trouve là-bas _____ derrière la forêt.
   (à droite, à gauche, tout droit)

E. Réflexion. The French often describe their castles and monuments as «**les vieilles pierres**». What are the "old stones" in your country? What would you point out to a tourist who wanted to visit your region?

_____

_____

_____

_____

_____

_____

_____

Chapitre 10

Module VII: *La poste*

Vocabulaire à reconnaître

À la poste

une carte postale	*postcard*
un colis	*parcel; package*
un paquet	*parcel; package*

Quelques indications

à côté du Monoprix	*next to the Monoprix department store*
à peu près _____ mètres	*about _____ meters*
dans la rue piétonne	*on the pedestrian street*
en bas	*down*
jusqu'au feu	*up to the light*
juste en face	*right opposite*
juste là	*right there*
là-bas	*down there*

Qu'est-ce qu'on vend dans les petits magasins?

de la porcelaine	*porcelain*
des articles pour tous les jours	*everyday articles*
de la bijouterie	*jewelry*
des cadeaux	*gifts*
de l'électroménager	*appliances*

A. Pour trouver un endroit. Study the list **Quelques indications,** above. Then, looking at the map on page 270 of *Entre amis*, give directions to the following places.

1. la pharmacie _____

_____

_____

2. la poste _____

_____

_____

B. Qu'est-ce qu'ils font? Watch video module 7 and then draw lines to indicate which person is associated with the following actions.

1. Alissa

2. Bruno

a. a acheté une pellicule

b. veut envoyer un paquet

c. a acheté des cartes postales

d. va traîner *(hang out)* dans les magasins

e. demande où est la poste

C. Dans les pharmacies. Watch video module 7 (see also *Entre amis,* page 246) and identify the three items that are specifically mentioned with respect to pharmacies.

_____

_____

_____

D. À la poste. Complete the following sentences.

1. Quand Alissa dit que les cartes sont jolies, Bruno répond _____.
    («Merci.», «Tu trouves?», «Tu as raison.»)

2. Bruno veut envoyer _____ à sa mère.
    (un cadeau, une carte postale, une lettre)

3. Une femme explique à Bruno que la poste se trouve à _____ mètres.
    (100, 500, 50)

4. On vend de la porcelaine _____.
    (dans les boutiques, dans les petits magasins, à la pharmacie)

5. Bruno a acheté _____ carte(s) postale(s).
    (une, deux, douze)

E. Réflexion. Compare what you have learned in this video module about shopping in France with shopping in your country.

_____

_____

_____

_____

_____

Chapitre 11

Module VIII: *En panne*

Vocabulaire à reconnaître

La Normandie

les champs	*fields*
les collines	*hills*
les fermes	*farms*
le paysage	*countryside*

Les Français et leur voiture (see *Entre amis,* page 272)

Ils sont amoureux de leur voiture.	*They are in love with their cars.*
Ils ont la passion de la vitesse.	*They have a passion for speed.*
L'automobile reste reine.	*The car remains queen.*
Le chauffeur se croit roi.	*The driver thinks that he's king.*
malgré les embouteillages	*in spite of traffic jams*
malgré le prix élevé de l'essence	*in spite of the high price of gas*

La voiture ne marche pas *(The car is not working)*

une panne d'essence	*out of gas*
tomber en panne	*to break down*
ouvrir le capot	*to open the hood*
acheter une nouvelle batterie	*to buy a new battery*
griller le système électrique	*to burn out (a wire)*
pousser la voiture	*to push the car*

A. Qu'est-ce qui se passe? Draw lines to connect each expression on the left with its most logical match on the right.

1. Tout le monde dehors *(out).*

2. La voiture ne marche pas.

3. On entend un bruit.

4. Tu ouvres le capot.

5. Ça coûte cher.

6. Elle est en panne d'essence.

   a. Je vais regarder le moteur.

   b. Le plein *(fill it up),* s'il te plaît.

   c. Le prix est élevé!

   d. On pousse.

   e. Elle est tombée en panne.

   f. Tu viens de griller ton système électrique.

B. Quelles marques de voiture? Watch video module 8 to identify the three types of French cars that are mentioned.

_____

_____

_____

C. La voiture tombe en panne. Complete the following sentences.

1. Noël vient d'acheter _____.
   (une nouvelle voiture, une nouvelle batterie, un nouveau système électrique)

2. Émile va regarder. Il faut qu'il ouvre _____.
   (le capot, le système électrique, la batterie)

3. La voiture ne démarre pas parce que _____ ne marche pas.
   (le capot, le système électrique, la batterie)

4. Émile peut la réparer _____.
   (tout de suite, ce soir, demain)

5. Sur l'autoroute, la vitesse est limitée à _____ kilomètres à l'heure.
   (300, 130, 103)

6. Sur les routes nationales, la vitesse est limitée à _____ kilomètres à l'heure.
   (70, 80, 90)

D. Réflexion. «La vitesse tue» *(Speed kills)* is often cited to explain the large number of fatal car accidents in France (see *Entre amis,* pages 408, 410, and 427). What are the speed limits in your country? How do they compare with those of France?

_____

_____

_____

_____

_____

_____

_____

Chapitre 12   Module IX: *Au Centre Pompidou*

Vocabulaire à reconnaître

Pour faire des recherches

un sujet à rechercher	*a research subject*
un dictionnaire	*a dictionary*
une encyclopédie	*an encyclopedia*
faire un rapport sur	*to write a report*
quelque chose	*about something*

Le français familier

hein?	*right?, huh?*
chouette	*swell*
un truc	*a thing*
pas mal	*not bad*
ouais	*yeah*

A. Connexion culturelle. Locate the **Centre Pompidou** and the **Pyramide du Louvre** on Map 1 (**Paris**) at the beginning of the video worksheets. Are they on the **Rive droite** or the **Rive gauche**?

Centre Pompidou: _____

Pyramide du Louvre: _____

B. Deux des lieux les plus visités de Paris. Watch video module 9 and then draw lines to connect the two famous places mentioned with the descriptions given of them in the video.

1. C'est le Musée national d'art moderne.

2. C'est la nouvelle entrée du musée.

3. C'est un édifice ultramoderne.

4. C'est dans le cœur de Paris.

5. C'est une construction nouvelle.   a. la Pyramide du Louvre

6. Il y a un escalator extérieur.   b. le Centre Pompidou

7. Son architechte s'appelle I. M. Pei.

8. C'est dans la rue Beaubourg.

9. C'est fermé le mardi.

10. Il y a une bibliothèque publique.

C. Une visite virtuelle. Use the *Entre amis* Web Site to "visit" the **Centre Pompidou** and the **Louvre.** Then indicate, for each museum, how much it costs to get in and when it is open.

	Entry fee	*Hours of operation*
Centre Pompidou		
Louvre		

D. Comment dit-on ... ? Choose an expression from **Le français familier,** on the previous page, to match each of these expressions.

1. formidable _____

2. une chose _____

3. oui _____

4. n'est-ce pas? _____

5. bien _____

E. Les recherches de Moustafa. Complete the following sentences.

1. D'abord, Yves et Moustafa faisaient des recherches _____.
   (au musée, à la librairie, à la bibliothèque)

2. Moustafa faisait une étude sur _____.
   (la lecture, l'agriculture, l'architecture)

3. Le Louvre est aujourd'hui _____.
   (un musée, un château, une pyramide)

4. La Pyramide du Louvre est fermée _____.
   (le lundi, le mardi, le mercredi)

5. Moustafa a décidé de faire une description de _____ de la Pyramide.
   (l'intérieur, l'extérieur)

6. Le passant a expliqué à Yves et à Moustafa que l'entrée du musée était _____.
   (à côté d'eux, devant eux, derrière eux)

F. Réflexion. The **Centre Pompidou,** the **Pyramide du Louvre,** and the **Tour Eiffel** were all criticized when they were first built. Why do you think this was so? What are examples of modern architecture in your country? Do you think that reaction to new architecture differs from one culture to another? Explain your answer.

_____

_____

_____

_____

_____

_____

_____

Chapitre 13   Module X: *Au marché, rue Mouffetard*

Vocabulaire à reconnaître

Les poissons

des truites	*trout*
des filets de saumon	*salmon fillets*
des tranches de thon	*(slices of) tuna steak*

La préparation des poissons

à la poêle	*fried*
au barbecue	*barbecued*
au four	*baked*

Les fromages

le fromage de chèvre	*goat cheese*
le fromage de vache	*cow cheese*
le fromage de brebis	*ewe (sheep) cheese*

A. Comment les faire cuire *(cook)*? Watch video module 10 and then draw lines between the types of fish and the preparation methods recommended in the video.

1. des filets de saumon   a. à la poêle

2. des tranches de thon   b. au barbecue

3. des truites   c. au four

B. À compléter. Watch video module 10 and then complete the following sentences by choosing the appropriate answer.

1. Aujourd'hui il fait _____.
   a. mauvais
   b. beau

2. Yves se rend au _____ de la rue Mouffetard.
   a. supermarché
   b. magasin
   c. marché

3. Yves veut acheter du poisson pour _____ personnes.
   a. 4
   b. 5
   c. 6

4. À la fin, Yves veut acheter du _____.
   a. rôti
   b. brie
   c. riz

C. Une recette pour le saumon. Watch video module 10 and then number the following steps in the order in which they occur in the video.

_____ Poivrez. *(Add pepper.)*

_____ Mettez un verre de vin blanc.

_____ Mettez à four moyen une dizaine de minutes. *(Bake at a moderate temperature about ten minutes.)*

_____ Mettez les filets dans un plat en terre beurré. *(Put the fillets in a buttered earthenware dish.)*

_____ Salez. *(Salt.)*

D. À table! Watch video module 10 to observe the table setting in the middle of the video (see also *Entre amis,* pages 348 and 350). What similarities and/or differences do you notice with respect to the way a table is set in your country?

_____

_____

_____

_____

_____

E. Écoutez bien! Watch video module 10 and check off below the food items you hear mentioned.

_____ les anchois	_____ le fromage de brebis	_____ le porc
_____ les artichauts	_____ le fromage de chèvre	_____ le poulet
_____ les bananes	_____ le fromage de vache	_____ les radis
_____ le bifteck	_____ les fruits	_____ le riz
_____ les champignons	_____ le gâteau	_____ la salade
_____ la charcuterie	_____ la glace	_____ les sardines
_____ les concombres	_____ les légumes	_____ les saucisses
_____ les cornichons	_____ les melons	_____ le saumon
_____ les croissants	_____ les œufs	_____ la soupe
_____ les desserts	_____ le pain	_____ la tarte
_____ les épinards	_____ le pâté	_____ le thon
_____ les fraises	_____ la pâtisserie	_____ les tomates
_____ les framboises	_____ les petits pois	_____ la truite
_____ les frites	_____ le poisson	_____ la viande
_____ le fromage	_____ les pommes de terre	

F. Réflexion. The open-air market and fresh produce are common in France. How does this compare with your country? How do France and your country compare with respect to when and where food is purchased?

_____

_____

_____

_____

_____

_____

_____

_____

Chapitre 14   Module XI: *Le papillon*

Vocabulaire à reconnaître

Il s'agit de la voiture

se garer   *to park*
un parcmètre   *a parking meter (see Activity D, next page)*
une contravention   *a ticket; fine (see **Entre amis**, page 410)*
un papillon   *parking ticket (lit. butterfly)*
le stationnement   *parking*
sous l'essuie-glace   *under the windshield wipers*
acheter un timbre fiscal   *to buy a stamp (for paying a fine)*
coller le timbre sur le papillon   *to stick the stamp on the ticket*

Au bureau de tabac

des timbres-poste   *stamps (for mailing)*
des timbres fiscaux   *stamps (for paying fines)*
des allumettes   *matches*
des briquets   *lighters*
des bonbons   *candy*
des billets de loto   *lottery tickets*

A. Au tabac. Study the list **Au bureau de tabac,** above. Identify three additional articles that are also sold in a **tabac** (see *Entre amis,* pages 243 and 246).

_____

_____

_____

B. À compléter. Watch video module 11 and then complete the following sentences by choosing the appropriate answer.

1. Le conducteur a _____ sa voiture.
   a. loué
   b. acheté
   c. vendu

2. Le conducteur est embarrassé d'entrer au tabac parce qu'il ne _____ pas.
   a. boit
   b. fume
   c. conduit

3. Un passant cherche la poste, mais elle est fermée depuis _____.
   a. une heure
   b. une demi-heure
   c. un quart d'heure

C. Un papillon! Complete the following sentences.

1. Dans ce contexte, le mot «papillon» veut dire _____.
   (une cravate, un insecte, une contravention)

2. Il dit qu'on lui a donné un papillon pour _____ minutes de stationnement.
   (5, 10, 15)

3. L'homme qui a eu la contravention est de nationalité _____.
   (française, suisse, belge)

4. D'après cette vidéo, il faut que cet homme aille _____ pour acheter un timbre fiscal.
   (à la poste, au tabac, à la gare)

D. Réflexion. In France, the **parcmètre** is a machine (distributed one or two per city block) where you purchase tickets indicating the time you can legally park. Explain to a foreign visitor how the parking meter works in your country. How is a fine paid for a parking ticket in France, according to the video, and how does this compare with the paying of fines in your country?

_____

_____

_____

_____

_____

_____

_____

Chapitre 15   Module XII: *La Fête de la Musique*

Vocabulaire à reconnaître

À la Fête de la Musique

On fait la fête.   *We have a great time.*
On danse et on voit des concerts.   *We dance and see concerts.*
On consulte le programme pour savoir à   *We check the program to find out what*
  quelle heure les concerts ont lieu.   *time the concerts take place.*

Dans quel endroit?

ailleurs   *elsewhere*
dans le coin   *in this area*
là-bas   *over there*
juste à côté   *nearby*
partout   *everywhere*

Quelques expressions pour dire *au revoir* (see *Entre amis,* page 125)

à bientôt   *see you later*
bisous   *kisses*
On s'appelle?   *We'll speak on the phone, OK?*
tchao   *bye*

Note culturelle

Une fois par an, au mois de juin, la France célèbre la **Fête de la Musique.** Pendant deux jours, il y a de la musique de toute sorte.

A. Qu'en pensez-vous? Draw lines to indicate your personal reaction to the various types of concerts available at the **Fête de la Musique.**

1. de l'opéra

2. de la musique classique

3. de la musique folklorique   a. C'est vraiment super!

4. du jazz   b. C'est sympa *(nice)*!

5. du rock   c. Ça ne m'intéresse pas.

6. de la musique d'Amérique latine

7. du flamenco

B. Qu'est-ce qu'ils disent? Watch video module 12 and then draw lines to identify the people who make the following statements.

1. Alissa
2. Betty
3. Jean-François
4. Moustafa
5. Yves

a. Tu connais la Fête de la Musique?

b. Alors, il y a Joe Cocker à la République ...

c. Il faudrait qu'on aille trouver Betty.

d. Si on allait leur dire qu'on a aimé leur concert?

e. Allez, bisous. Tchao, les mecs *(guys)*!

C. Où sont ces concerts? Watch video module 12 and then draw lines to indicate where each concert takes place, according to the video.

1. du flamenco
2. du jazz
3. du rock
4. Joe Cocker
5. de la musique d'Amérique latine

a. à l'hôtel de Sully

b. partout

c. à la République

d. juste à côté

e. au musée Picasso

D. À la Fête de la Musique. Complete the following sentences.

1. Jean-François invite _____ à la Fête de la Musique.
   (Alissa, Betty, Marie-Christine)

2. La Fête de la Musique est au mois de _____.
   (mai, juin, juillet)

3. La copine qu'ils vont retrouver à un autre concert s'appelle _____.
   (Alissa, Betty, Marie-Christine)

4. Moustafa a consulté son _____ pour savoir à quelle heure chaque concert devait avoir lieu.
   (livre, programme, ticket)

5. Les jeunes guitaristes vont faire _____.
   (une émission, un disque, une excursion)

E. Réflexion. The **Fête de la Musique** involves amateur musicians as well as professionals. What are the advantages and disadvantages of such a nationwide cultural celebration? Are there any similar cultural events in your country? Why or why not?

_____

_____

_____

_____

_____

_____

_____

Chapitre 15: VIDEO WORKSHEETS

1. math 1112
2. eng 1100
3. soci 1125
4. phys 1100
5. psyc 1100
6. bio 1110
7. eng 1200
8. math 1125
9. psyc 1200
10. bio 1210
11. chem 1110
12. phys 1101
13. bio 204
14. bio 209
15. fmst 200
16. phil 120
17. chem 123
18. frnh 355
19. phil 125
20. punj 102
21. punj 102
22. eosc 326
23. eosc 114
24. psyc 308
25. psyc 305
26. path 375
27. clst 301
28. bio 325
29. anat 390
30. punj 200
31. punj 200
32. eosc 118
33. eosc 116
34. fren 101
35. bio 327

total credits : 105
total 300+ : 27
  • of these 300+ science : 9
    - life science : 9
    - eosc : 3

So i need : -21 300+ credits (7 classes
        - 9 eosc credits (3 classes)
        - 9 life sci cred (3 classes)

So i need to take
- math 101
- eosc 300+
- eosc 300+
- eosc 300+
- bio 300+
- bio 300+
- bio 300+
- any 300+

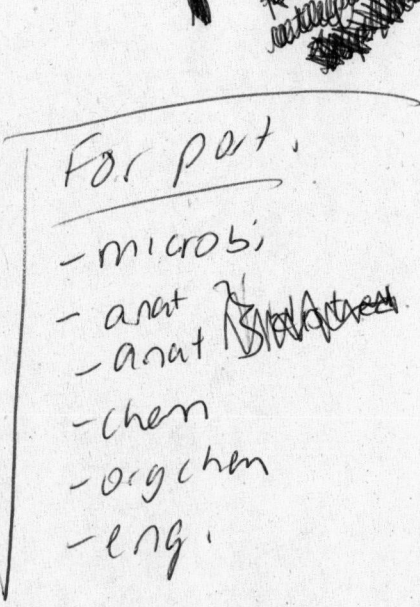

For pat.
- microbi
- anat 2~~~~~~
- anat ~~~~~~
- chem
- orgchem
- eng.

Jan 2010	Summer	Sept 2010	Jan 2011
math 101	bio 300	eosc 300	eosc 30
bio 304		any 300+	eosc 30
bio 412			opt test
			Apply

For general sci
- need 18 credits 300+ life sci
- need 12 credits 300+ eosc

For sc. degree

- 72 credits science
- 18 credits arts (including 6 cred eng)
- 9 breadth requirements
- upper level: 30 out of 48 300+ credits from
        science courses; remaining 18 credits
        from any faculty